칼빈주의 설교와 목양
2

# 칼빈주의 설교와 목양 2

CALVINISTIC
PREACHING & SHEPHERDING

존 맥아더, 존 찰스 라일, 존 칼빈을 만나다

도지원 지음

아가페

## 머리말

이 책은 이미 출간된 『칼빈주의 설교와 목양: 마틴 로이드 존스, 찰스 스펄전, 조나단 에드워즈를 만나다』에 이은 두 번째 작품이다. 먼저 이 책에 소개한 사람들에 대해 간략한 설명이 필요하겠다.

존 맥아더는 근본주의 토양에서 자랐고 세대주의 신학교에서 공부했다. 그러나 하나님의 말씀을 알고 싶은 열망 가운데 점차 개혁주의에 이끌리게 된다. 그는 한 대담에서 자신이 마태복음을 강해하는 가운데 개혁주의자가 되었다고 말하기도 했다. 하나님의 말씀을 깊이 연구하고 설교하면서 개혁주의자로서 자신의 입장을 세워나간 것이다. 그 결과 그의 이름은 제임스 보이스, R. C. 스프롤, 존 파이퍼 등과 함께 개혁주의 서클에서 자주 등장하게 된다.

존 찰스 라일은 알려진 대로 영국 국교회의 목회자다. 그런데 자신이 영국 국교회의 한 그룹인 복음주의에 속했음을 분명히 한다. 그가 말하는 복음주의의 대표적 특징은 종교개혁자들에게서 발전되어 온 것이다. 라일은 참된 국교도가 칼뱅주의자가 될 수 없다는 톰린 주교의 주장을 반박한 스코트의 책을 읽은 일이 있다. 이와 관련해 이안 머레이는 이렇게 말한다.

> 장차 칼뱅주의 신앙과 청교도 신학을 더 분명히 대변할 준비를 갖춘 세대의 대표자가 될 라일이 톰린에 대한 스코트의 『언급』을 '내게 가장 큰 도움이 된' 책 중 하나로 거명한 것은 의미심장한 일이다. 이 책은 라일을 '국교도보다는 반대자에 가까운 자들, 편협한 칼뱅주의자들'로 비난받게 될 무리의 선도자로 준비시키는 데 기여했다.[01]

이런 점에서 칼빈과 함께 라일과 맥아더를 소개하는 것은 이상할 게 없다. 이 세 사람의 신학은 근본적으로 맥락을 같이하기 때문이다.

내가 이 세 사람에게서 받은 유익을 언급하지 않을 수 없다. 존 맥아더는 혼란스러운 목회 환경 가운데서 성경적인 목회의 방향을 제시해 주었다. 계속해서 변하는 목회 트렌드 속에서 그의 통찰은 내게 영적 분별력을 제공했다. 존 찰스 라일은 교회사의 흐름 속에서 오늘날의 교회에 대해 성찰할 수 있는 눈을 열어주었다. 이와 함께 목회자로서 그가 보여준 믿음의 자세는 내게 큰 격려가 되었다. 존 칼빈은 내가 성경 본문을 목회자의 심정으로 볼 수 있도록 인도하곤 했다. 그가 설교자와 목사로서 보여준 헌신은 내게 늘 자극이 되었다. 특히 라일과 칼빈이 겪은 기막힌 고난은 내게 위로가 되었다. 아마 이 책을 읽는 독자들에게도 그럴 것이다.

이 책은 2021년, 2022년, 2024년 '교리와 부흥 콘퍼런스'에서 강의한 내용을 보완해서 정리한 것이다. 2021년에는 코로나 때문에 콘퍼런스를 온라인으로 하루만 진행했다. 2022년부터 종전대로 1박 2일 일정으로 모였는데, 2023년에는 코로나 이후 힘든 교회 상황을 감안해 "성령의 능력으로"라는 주제로 콘퍼런스를 열었다. 실제 콘퍼런스 강의에서는 존 찰스 라일, 존 칼빈, 존 맥아더 순으로 다루었지만, 이 책에서는 시대순으로 배열했다. 여기에 이 세 사람이 보여준 칼빈주의 설교와 목양의 핵심 사항에 대한 설명을 추가했다.

해마다 열리는 콘퍼런스에 전국에서 참여하신 목회자, 선교사, 신학생 모두에게 감사드린다. 그리고 이 콘퍼런스를 위해 기도와 물질과 수고를 아끼지 않은 예수비전교회 교우들에게 다시금 감사드린다. 이들의 헌신 없이 콘퍼런스는 계속될 수 없었을 것이다. 모든 영광을 주님께 돌릴 뿐이다.

# CONTENTS

**머리말**     005

**들어가며**: 목회적 권능은 어디서 오는가     010

---

## Part 1   존 맥아더의 설교와 목양

1 삶으로 입증된 설교     019
2 생애     023
3 설교     041
4 목양     058
* 요약     073

## Part 2 존 찰스 라일의 설교와 목양

| 1 복음주의 목회의 전형 | 077 |
| 2 생애 | 083 |
| 3 설교 | 099 |
| 4 목양 | 113 |
| *요약 | 131 |

---

## Part 3 존 칼빈의 설교와 목양

| 1 성경적 설교와 목양의 실효성 | 135 |
| 2 생애 | 140 |
| 3 설교 | 162 |
| 4 목양 | 174 |
| *요약 | 183 |

---

| 주 | 185 |
| 참고문헌 | 203 |

# 들어가며
## 목회적 권능은 어디서 오는가

이 책은 세 명의 존에 대한 것이다. 존 맥아더, 존 찰스 라일, 존 칼빈. 이들이 활동한 시기는 각각 20-21세기, 19세기, 16세기로 서로 다르다. 이들의 주된 사역 무대도 미국의 로스앤젤레스, 잉글랜드 동부의 시골 마을과 리버풀, 스위스의 제네바로 각기 다르다. 그럼에도 이들에게는 한 가지 뚜렷한 공통점이 있다. 하나님의 말씀으로서 성경에 대한 이들의 철저한 헌신이다. 이안 머레이는 존 맥아더의 전기에서 이 점을 강조한다. 그는 "성경이 최우선 순위를 차지하다"라는 장에서, 맥아더가 선교사나 순회전도자가 되지 않고 목사가 된 이유를 이렇게 말한다.

> 그의 가장 큰 갈망은 하나님의 말씀을 아는 것인데, 이 시간을 확보하기 위해서는 한곳에 정착해야만 했다. 하나님의 말씀에 자신의 삶을 바치려면 목사직이 그에게 맞는 소명이었다.[02]

그래서 그는 그레이스커뮤니티교회의 목사로서 평생을 강해설교에 헌신했다. 그 결과 주목할 만한 교회성장을 볼 수 있었다. 여기서 그가 경험한 목회적 권능의 실체가 드러난다. 그것은 성경에 나타난 것으로 오늘날 교회에서 절실히 요구되는 것이다. 그는 이에 대해 이렇게 말한다.

> 성경은 교회성장을 위한 방편과 지침을 제시한다. 교묘한 속임수가 잠시 많은 군중을 끌 수도 있다. 그러나 교인 수가 늘어난다고 해서 반드시 교회성장을 뜻하는 건 아니다. 사실 사도행전에서는 교회가 수적으로도 꾸준히 커졌지만 실제적인 교회성장은 신실하게 선포되는 하나님 말씀의 진전에 의해 평가되었다. "하나님의 말씀은 흥왕하여 더하더라"(행 12:24; 참조, 19:20). "하나님의 말씀이 점점 왕성하여 예루살렘에 있는 제자의 수가 더 심히 많아지고"(6:7).[03]

이처럼 그는 하나님의 말씀이 진정한 교회성장을 이룬다고 강조한다. 하나님의 말씀이 있는 곳에 하나님의 권능이 함께하기 때문이다. 그래서 그는 목회자들에게 이렇게 충고한다. "하나님의 말씀을 충성스럽게 설교하고 가르치는 것이 반드시 목회 철학의 중심을 차지해야 합니다."[04]

존 찰스 라일은 리버풀의 주교가 되기 전까지 근 40년간 잉글랜드 남동부의 시골 교회 몇 곳에서 사역했다. 놀랍게도 그가 가는 곳마다 예배당은 사람들로 채워졌고, 의자를 더 놓거나 건물을 확장해야 했다. 그러나 그의 사역은 대도시의 교회에 비해 상대적으로 규모가 작아 당시에는 큰 주목을 받지 못했을 수 있다. 그럼에도 그가 죽고 난 뒤 그의 사역이 널리 알려진 것은 그의 책에 기인한 바가 크다. 그는 맥아더나 칼빈처럼 연속 강해설교를 하지 않았지만, 그의 설교를 읽어본 사람이라면 그가 탁월한 강해설교자인 것을 인정하지 않을 수 없다. 이것은 그가 청교도에게서 배운 복음주의 신앙에 서 있기 때문이다. 이 신앙에 대해 그는 이렇게 말한다.

> 복음주의 신앙의 첫 번째 주요한 특징은 그것이 믿음과 실천의 유일한 규칙, 진리의 유일한 시금석, 논쟁의 유일한 심판관으로서 성경에 부여하는 절대적 수위성(the absolute supremacy)이다.[05]

바로 여기서 라일이 보여준 목회적 권능의 근원이 발견된다. 이 점에서 그는 18세기 복음주의 부흥에서 놀라운 효과를 일으킨 설교자들을 계승하고 있다. 비록 당시에는 복음주의 신앙이 공격받고 경멸당했지만, 라일의 입장은 분명하고 단호했다. 현대 복음주의자들은 그의 말을 반드시 기억해야 한다.

> 인간의 마음에 대한 진정한 내적 효과와 삶에 대한 외적 효과에 있어서, 나는 철저하고도 순수한 복음주의적 가르침보다 더 강력한 가르침은 결코 발견하지 못하였습니다. … 그것은 어떤 사람들이 주장하는 것과 같이 단순히 어느 한도 내에서는 진실하고 유익하지만, 결함이 있기 때문에 보완이 필요한 것이 아닙니다. 그것은 모든 면에서 진실하고 유익하기 때문에 더 이상의 보완이 필요치 않습니다. 만일 복음주의적 관점을 가지고 있는 자들이 그들의 원리를 보다 신실하게 지키며, 그들의 설교와 삶에서 보다 적극적이며, 타협하지 않고 결단하기만 한다면, 그들은 곧 이교도가 어떠한 말을 할지라도 그들이 세상을 변화시키는 능력을 가지고 있음을 발견하게 될 것입니다.[06]

존 칼빈은 성경 각 권을 연속해서 강해한 것으로 유명하다. 이것은 성경에 대한 그의 확신에서 비롯된 것이다. 케네스 브라우넬은 그 관계를 이렇게 설명한다.

가장 놀라운 것은 성경 본문의 뜻을 사람들에게 전달하는 데 대한 칼빈의 헌신이 매우 강력했다는 것이다. 이 모든 헌신의 밑에는 확신이 깔려 있었는데, 그것은 설교할 때 곧 글로 적힌 하나님의 말씀을 설명하고 청중에게 적용하는 가운데 하나님이 말씀하신다는 것이었다.[07]

여기서 칼빈이 보여준 목회적 권능의 근원이 드러난다. 그것은 칼빈의 인간적 탁월함과는 무관하다. 그것은 오직 하나님의 말씀 안에 존재한다. 그는 하나님의 말씀 밖에서 어떤 목회적 권능도 얻으려 하지 않았다. 그가 이렇게 말하기 때문이다.

교회의 목자들이 어떤 이름으로 불리든지 간에 끝내 부여받아야 할 최고의 권세가 바로 이 영적인 무기다. 즉, 하나님의 말씀으로써 그들은 모든 것을 담대하게 수행하고, 세상의 모든 능력과 영광과 지혜와 고고함이 하나님의 엄위에 굴복하고 순종하도록 몰아가며, 하나님의 권능에 의지해 가장 높은 곳에서 마지막까지 이르는 모든 것을 명령하며, 그리스도의 집을 세우고 사탄의 집을 무너뜨리며, 양들을 먹이고 늑대들을 무찌르며, 가르침받을 만한 자들을 교육하고 권고하며, 반항적이고 완고한

자들을 비판하고 나무라고 굴복시키며, 매고 푸는 일을 하며, 필요하면 천둥과 번개를 일으킨다. 이 모든 일을 하나님의 말씀 가운데서 행한다.[08]

칼빈 자신의 목회가 그러했다. 그는 모든 일을 하나님의 말씀 가운데서 행함으로써 하나님의 권능을 경험했다. 그는 제네바에서 예배와 삶을 개혁하고 권징을 시행하며, 생피에르예배당을 청중으로 채울 수 있었다.

이처럼 목회적 권능은 하나님의 말씀에서 온다. 그렇다면 오늘날 목회자에게 우선 필요한 것은, 맥아더와 라일과 칼빈이 보여준 대로 하나님의 말씀인 성경에 대한 철저한 헌신이다. 성경을 알고 행하고 가르치는 일에 온 힘을 쏟아야 한다. 그럴 때 목회적 권능의 회복을 경험할 것이다.

# Part 1

---

## 존 맥아더의
## 설교와 목양

# 1

## 삶으로 입증된 설교

설교자의 책무는 하나님의 말씀을 전하고 가르치는 것이다. 여기에는 반드시 전제되어야 할 원칙이 있다. 설교자 자신이 하나님의 말씀을 연구하고 그 말씀대로 살아야 한다는 것이다. 성경에서 이 원칙을 잘 보여준 인물이 에스라다. 그는 "여호와의 율법을 연구하여 준행하며 율례와 규례를 이스라엘에게 가르치기로 결심하였던"(스 7:10) 것이다. 그러나 오늘날 이와 같은 설교자를 찾아보기는 쉽지 않은 것 같다. 설교자들의 추문이 끊이지 않는 것은 이 같은 상황을 반영한다고 할 수 있다.

그럼에도 하나님께서는 여전히 에스라 같은 설교자를 일으키신다. 그중 한 사람이 존 맥아더다. 그는 이렇게 말했다. "목회자는 단순히 하나님의 말씀을 선포하는 것만으로는 충분하지 않고 삶으로 그 진실성을 입증해야 한다."[09] 또 그는 자신에 대해 이렇게 말한 적이 있다. "내가 노력한 일이 딱 하나 있다. 성경의 원리와 건고한 교리와 하나님의 진리에 내 온 삶을 집중하는 일이었다."[10] 그는 얼마 전까지 로스앤젤레스 선밸리에 있는 그레이스커뮤니티교회에서 55년간 설교했다. 그동안 하나님은 그의 설교와 목양을 통해 풍성한 열매를 거두게 하셨다. 주목할 만한 사실은 그에게는 추문이 없다는 점이다. 그는 존경받는 신실한 설교자요 목회자다. 그레이스교회의 한 교인은 "목사님의 가장 위대한 설교는 목사님의 삶"[11]이라고 말했다.

여기에는 그럴 만한 이유가 있다. 우선 성장 과정에서 목사인 아버지에게서 받은 영향을 들 수 있다. 그는 이렇게 말한다.

> 내게 가장 큰 영향을 미친 것은 아버지의 설교였다. … 내가 관찰하면서 발견한 것 그리고 내게 가장 깊은 영향을 미친 것은 아버지의 삶이 진실한 울림이 있다는 것이다. 아버지의 행동과 태도는 어디에 있든 누구와 함께 있든 변하지 않았다. 아버지는 가족과 회중에게 권한 것과 똑같은 기준으로 사셨다. 그렇게 사셨기에 어떤 타협에 대한 핑계를 댈 필요가 없었다. 한마디로

말하면, 아버지가 내게 가르치신 것은 '온전함'(integrity)의 가치다.[12]

또 하나의 이유는 그가 성경적인 설교를 준비하면서 받은 은혜다. 그는 자신의 설교에서 얻는 유익에 대해 이렇게 말한다.

> 내가 설교에서 얻는 가장 큰 개인적인 유익은, 매주 두 편의 강해설교를 위해 연구하고 준비할 때 하나님의 영이 나 자신의 영혼에 행하시는 일이다. 매주 면밀한 강해의 의무는 계속해서 나 자신의 마음을 성경에 집중하고 고정하게 하며, 하나님의 말씀은 내가 내 양을 먹이기 위해 준비하는 동안 나를 기른다. 나는 그 계획을 통해 개인적으로 복을 받고 영적으로 강해진다. 만일 다른 이유가 아니라고 하더라도 나는 성경적인 설교를 결코 포기하지 않을 것이다. 우리 영혼의 원수는 특히 설교자를 노리고, 하나님 말씀의 거룩하게 하는 은혜는 우리를 결정적으로 보호한다.[13]

이처럼 오늘날 목회자의 삶에서 나타나는 문제는 그들의 설교와 무관하지 않다. 설교가 설교자의 삶을 보호해 주지 못하는 것이다.

바울은 디모데에게 이렇게 권면한다. "네가 네 자신과 가르침을 살펴 이 일을 계속하라 이것을 행함으로 네 자신과 네게 듣는 자를 구원하리라"(딤전 4:16). 여기서 '자신'과 '가르침'은 하나로 묶여 있다. 이것은 설교자의 삶이 설교와 무관하지 않음을 보여준다. 존 맥아더가 한 교회에서 오랜 기간 존경받는 목사로 사역할 수 있는 것은 그가 성경적인 설교를 견지해 왔기 때문이다. 이런 점에서 그의 설교와 목양은 오늘날 목회자들에게 시사하는 바가 매우 크다.

# 2

## 생애

### 출생과 성장, 회심과 소명

존 맥아더는 스코틀랜드 이민자의 후손으로 1939년 6월 19일 캘리포니아 로스앤젤레스에서 출생했다. 그는 어린 시절 순회전도 자였던 아버지를 따라 여러 지역을 옮겨 다녔다. 그가 언제 그리스도인이 되었는지는 분명하지 않다. 그러나 그에게 일찍부터 믿음이 싹트고 있었음은 분명하다. 여기에 대해 이안 머레이는 이렇게 말한다.

> 존은 그의 삶에서 자신의 믿음이 실재가 아니었던 적을 기억하지 못한다고 한다. "나는 언제나 구세주 예수가 필요하다는

것을 알았습니다." 그리스도인으로서 그의 체험은 수년에 걸쳐 서서히 진행되었다. 어떤 갑작스러운 변화나 영적 반란이 일어난 적은 없었다.[14]

그는 고등학교 시절 운동선수가 되는 것을 생각해 볼 정도로 운동경기에서 두각을 나타냈다. 그러나 어머니는 그가 설교자가 되기를 기도했고, 그 역시 일찍부터 그쪽으로 부르심이 있음을 알고 있었다. 이런 기대 속에 부모님은 그를 1957년 사우스캐롤라이나 그린빌에 있는 밥존스대학교로 보냈다. 그곳은 근본주의적인 학교였다. 그는 1학년을 마치고 집으로 가는 길에 교통사고를 당해 차 밖으로 튕겨 나가면서 심각한 화상을 입었다. 다행히 의식을 잃지 않았던 그는 그 순간을 이렇게 회고했다.

그때 그리스도를 섬기는 데 내 삶을 드렸습니다. 나는 하나님이 내게 원하시는 것, 즉 하나님의 말씀을 전하라는 부르심에 다시는 저항하지 않겠다고 하나님께 고백 했습니다.[15]

1958-1959년 그는 밥존스에 1년 더 머물렀고, 이 기간에 첫 설교를 했다. 이 경험을 통해, 그는 언제든지 요청이 있으면 말씀을

전할 준비가 되어 있는 자가 되기로 결심한다. 1959년에는 로스앤젤레스에 있는 퍼시픽컬리지로 옮겨 남은 2년의 학업을 이어갔다. 이 시기에 올아메리카 팀 하프백으로 지명될 정도로 풋볼에서 기량을 인정받았다. 그러나 사고로 척수신경이 끊어진 17세 소녀를 방문하던 중 복음의 능력을 경험하면서, 자신이 원하는 것이 무엇인지 분명히 알게 되었다.

1961년에는 아버지의 권유로 탈봇신학교에 진학했다. 여기서 신학 서적과 사랑에 빠지게 된다. 하루는 그가 신학교 채플에서 설교했는데, 그때 결코 잊을 수 없는 충고를 들었다. 찰스 파인버그 박사에게서 본문의 전체 요점을 놓쳤다는 평가를 들은 것이다. 이 일로 성경의 의미를 파악하는 것이 얼마나 중요한지를 배우게 된다. 이 시기에 맥아더는 패트리샤 수 스미스를 알게 되어 1963년 8월에 결혼한다. 1964년 탈봇을 졸업하고, 같은 해 미국 근본주의 독립교단에서 안수를 받는다.

졸업 후에는 클레어몬트신학교에서 박사 과정을 공부할 생각이었다. 그러나 그 대학원 프로그램 대표자를 만나고 나서 그 길을 포기한다. 맥아더는 그 대표자에게 이렇게 말했다. "저는 제 인생 전부를 진리를 배우는 데 바쳐왔는데, 앞으로 몇 년간 잘못된 지식을 배우는 데 낭비할 수 없다는 것을 알려드리고 싶습니다."[16]

그 후 아버지가 목회하던 교회에서 2년간 아버지를 도왔다. 1966년에 탈봇신학교는 그를 학교를 위한 대외협력 대변인 및 대표로 세웠다. 그리하여 향후 3년간 여러 모임에서 젊은이들에게 설교할 기회를 얻게 된다. 1967년에는 흑인 그리스도인인 존 퍼킨스의 요청으로 미시시피에서 흑인 학생을 위한 '갈보리의 소리 운동'(Voice of Calvary Crusade)을 시작했다. 두 번째 이 운동 기간 중에 마틴 루터 킹 목사가 암살되는 사건이 일어나기도 했다. 이로 인해 그는 복음의 필요성을 깊이 깨닫는다.

이 기간의 경험으로 그는 교회의 일차적 필요가 전도가 아님을 깨달았다. 교회가 성경에 대해 무지함을 보았고, 성경을 연구할 시간을 확보하기 위해 순회전도자가 아니라 한곳에 정착한 목사가 되어야 함을 깨달은 것이다. 그러던 중 1968년 가을 그레이스커뮤니티교회에서 설교 초청을 받는다. 그해 여름캠프에서 그의 설교를 들은 이 교회 고등학생들의 반응이 교회에 전달되었고, 장로 9인으로 구성된 교회 위원회에서 그의 이름이 거론되었기 때문이다. 그레이스커뮤니티교회는 1969년 1월 그를 청빙했고, 2월 9일부터 사역이 시작되었다. 그는 청빙을 수락하는 조건으로 일주일에 30시간씩 공부할 시간을 요구했다고 한다.

## 그레이스커뮤니티교회에서 초기 사역

그레이스커뮤니티교회는 1956년 설립된 교회로 교단 소속이 없었다. 맥아더가 부임할 당시 교인은 450명 정도였다. 그는 첫 설교를 마태복음 7장 21-23절을 본문으로 "교회는 어떤 방향으로 나아가야 하는가"(How to Play Church)라는 제목으로 전했다. 이 설교를 듣고 몇 부부가 교회를 떠났고, 적어도 한 장로가 그리스도인이 아니라는 것이 드러났다. 또 그는 교육위원회에 주일학교를 위한 제안을 내놓았다가 만장일치로 거부당하기도 했다. 맥아더는 시간이 지나면서 새로운 방법이나 프로그램보다 성경에 의해 형성된 내면의 태도와 삶이 중요하다는 것을 배웠다. 그가 일찍부터 강해설교에 헌신한 이유가 여기 있다.

그의 설교는 교회 성장의 원동력이 되었다. 설교를 들은 사람들은 신실한 그리스도인의 삶을 통해 다른 사람을 사랑하고 그들에게 다가갔다. 그래서 전도를 위한 프로그램은 따로 필요가 없었다. 그는 이렇게 말했다. "수년 동안 주님은 우리가 후원한 그 어떤 봉사, 프로그램, 행사보다 더 많은 사람이 그리스도를 믿게 하는 일대일 전도를 축복해 주셨습니다."[17] 맥아더는 이 시기의 교회 성장에 대해 이렇게 말했다.

처음 그레이스커뮤니티교회에서 사역을 시작했을 때 모르는 것이 너무 많았다. 매주 성경을 연구해서 설교를 준비했고, 주일에는 교인들과 함께 말씀을 나누었다. 그렇게 준비해 성경을 가르치면 교인들은 감탄을 금치 못했다. "그것이 바로 그런 의미인가요? 참으로 놀랍군요!" 우리는 성경을 이해하는 능력과 영적 성장의 관점에서 괄목할 만한 발전을 이루었고, 주님은 많은 사람을 교회에 보내주셨다.[18]

그 결과 교회는 1972년에 천 명을 수용할 수 있는 새 예배당을 지었다. 그레이스커뮤니티교회의 성장은 큰 교회를 세우려는 그의 욕망에서 비롯된 것이 아니다. 그는 "확실히 성장은 생명을 나타내는 표지 가운데 하나지만, 우리가 보았듯이 크기는 하나님의 복이나 교회의 영적 건강을 입증하는 증거가 아니다"[19]라고 말했다.

계속되는 성장으로 교회는 1977년 약 3천 명을 수용하는 세 번째 예배당을 지었다. 1970년대에 맥아더는 여러 곳에서 설교 요청을 받았다. 1972년에 설교자로 부르심을 받은 교회 청년 아홉 명이 탈봇에서 신학 훈련을 받기 시작했다. 그 수는 1978년에 90-100명으로 불어났다. 그 결과 탈봇의 연장 캠퍼스가 교회 안에 설치되었다. 신학교는 1977년 맥아더에게 신학박사 학위를 수여했다.

이런 과정에서 그는 여러 반대에 직면해야 했다. 1979년에는 특히 교회 안팎으로 어려움이 많았다. 《로스앤젤레스 타임스》에는 그의 설교를 비난하는 거짓 기사가 실렸다. 같은 해에 그가 훈련시킨 목회자들이 그를 담임목사 자리에서 몰아내려고 반란을 일으키기도 했다. 또 이 무렵 시작된 일로 교회의 한 청년이 자살하는 사건이 발생했고, 이 일로 교회는 8년간 소송에 시달려야 했다. 이 모든 일은 그가 '우리 교회 생활의 중요한 전환점'이라고 평가한 산상수훈에 관해 연속 설교를 하던 중 일어났다. 그해 여름 맥아더는 처음으로 3개월의 장기 휴가를 얻어 가족여행을 떠났다. 그는 이 여행 중에 만난 그리스도인들을 통해 자신의 설교가 생각했던 것보다 훨씬 더 널리 영향을 미치고 있음을 확인했다. 이것은 당시 여러 반대에 직면했던 그에게 하나님 말씀의 능력을 확증시켜 줌으로써, 앞으로의 사역 방향을 결정해 준 사건이 되었다.

## 사역의 확장

1978년 "그레이스 투 유"(Grace to You)라는 라디오 방송 사역이 시작되었다. 이로 인해 설교 카세트테이프 사역이 확장되고, 설교를 정리한 성경공부 가이드 시리즈가 소책자 형태로 나오기 시작했다. 1983년에 무디출판사의 편집자였던 필 존슨이 그레이스교회에 합류함으로써, 맥아더의 설교가 본격적으로 책으로 출간되기 시작했다. 1980년 5월에는 목회자들을 위한 '셰퍼드 콘퍼런스'(Shepherds' Conference)가 시작되었다. 이 콘퍼런스는 목회를 성공으로 이끌 프로그램을 제공하기보다 진정한 설교자를 준비시키는 데 목적이 있었다.

1985년 맥아더를 총장으로 마스터스컬리지(The Master's College)가 문을 열었다. 이것은 당시 어려움을 겪던 로스앤젤레스침례대학이 자신들의 사역과 부지를 맥아더와 그레이스커뮤니티교회에 제공함으로써 가능했다. 이와 함께 탈봇신학교 연장 프로그램은 1986년에 교회가 관장하는 새로운 신학교인 마스터스세미너리(The Master's Seminary)가 되었다. 이런 사역의 확장 가운데서도 맥아더는 교회의 우선순위를 놓치지 않았다. 그는 모든 사역이 교회를 위한 봉사여야 하며, 주된 사역은 교회에서 흘러나와야 한다고 생각했다. 따라서 그는 준교회(para-church) 기관을 세우는 것을 원치 않았다. 지역 교회에 헌신하는 것을 자신의 소명으로 삼았다.

맥아더는 1978년에는 브라질을, 1979년에는 스코틀랜드를 방문했다. 1988년 8월과 9월에는 태평양 건너편의 여러 국가를 방문했다. 이 여행은 뉴질랜드를 시작으로 호주와 싱가포르, 인도와 필리핀, 홍콩과 서울을 경유했다. 이를 통해 많은 것을 배울 수 있었고, 사역 확장에 더욱 헌신하게 되었다.

1987년 11월에는 맥아더의 말씀 사역과 셰퍼드 콘퍼런스의 영향력을 확대할 목적으로 마스터스펠로우십이 설립되었다. 1988년 여름에는 《마스터피스》라는 잡지가 창간되었는데, 부채가 늘면서 모금 요청이 이어지다가 1992년 폐간되었고, 마스터스펠로우십도 종료되었다. 이로써 맥아더는 모금 철학을 점검하게 되고, 말씀을 가르치고 사람들의 영적 필요를 채우는 일에 집중하게 되었다. 이와 함께 1992년 7월 말 아내 패트리샤와 딸이 교통사고를 당함으로써 그는 하나님을 더욱 신뢰하게 되었다. 그는 훗날 당시를 기억하며 이렇게 말했다.

> 아들이 뇌종양 판정을 받고 아내마저 교통사고를 당했던 때가 생각난다. 의사는 아내가 죽지 않더라도 사지가 마비될 거라고 했다. 매일 매일이, 한 순간 한 순간이 너무나 고통스러웠다. 나는 하루에도 수없이 아들과 아내를 위해 기도하면서 하나님께 맡겼는데, 아들과 아내가 완전히 회복됨으로써 문제가 놀랍게 해결되었다.[20]

이와 함께 맥아더는 자신이 목회 현장에서 겪은 고통스러운 경험을 들려주었다.

> 18년째 되던 해 250명이 교회를 떠났다. 그들은 내 설교가 너무 길고 지루하다고 했으며, 그 외에도 여러 말을 했다. 그 가운데 몇몇은 장로였는데, 그 때문에 나는 모든 것을 의심하고 싶은 유혹을 느꼈다. 그때 갈 데만 있었으면 교회를 옮겼을 것이다.[21]

이 외에도 맥아더는 1998년 8월 무릎 수술을 받고 폐색전증으로 생명을 위협받기도 했다. 1989년 베를린 장벽이 무너지고 이듬해 7월, 맥아더는 레닌그라드를 방문하게 되었다. 이를 계기로 모스크바, 키예프, 오데사 등지에서 말씀을 전했고, 1991년 8월 구소련 붕괴 후에는 루마니아 부카레스트와 우크라이나 키예프에서 말씀을 전했다. 이렇게 1990년대 초부터 이어진 동유럽 교회와의 교류를 통해 그는 중요한 교훈을 얻었다. 그것은 복음에 대한 가장 큰 위험은 교회 내부에서부터 올 것이라는 점과 소위 번영복음의 거짓됨이다.

1985년에 Word of Grace(녹음테이프 사역)와 Grace to You(라

디오 및 출판 사역)가 합병했다. 이 그레이스 투 유를 통해 카세트테이프가 생산되고 발송되었으며, 많은 라디오 방송국에 설교와 프로그램이 제공되었다. 특히 1990년대에 들어서면서 맥아더의 책이 쏟아져 나왔다. 이 가운데 『맥아더 스터디 바이블』(The MacArthur Study Bible)은 백만 부 이상 판매되었다. 그 주석 내용을 보완, 확대하여 만든 것이 『맥아더 성경 주석』(The MacArthur Bible Commentary)이다. 또 33권으로 된 『맥아더 신약 주석』(The MacArthur New Testament Commentary)은 그가 자신의 가장 중요한 공헌이라고 말한 것이기도 하다.

그레이스 투 유의 확장된 사역과 함께 맥아더의 해외 방문도 이어졌다. 여러 번에 걸친 캐나다 방문 외에, 1992년과 1994년에 남아프리카공화국, 1995년에 브라질, 이탈리아, 러시아, 1996년에 아일랜드, 스코틀랜드, 뉴질랜드, 1997년에 영국, 러시아, 프랑스, 스위스(제네바), 1999년에 우크라이나, 독일, 제네바, 2000년에 이탈리아와 스코틀랜드 방문이 이어졌다.

그는 해외 방문과 함께 자신의 책을 여러 나라 말로 번역하는 일에도 관심을 기울였다. 책이 갖는 특별한 가치를 생각했기 때문이다. 그는 말했다.

텔레비전과 달리 책은 인쇄된 페이지에 생각을 고정해 놓기 때문에, 우리는 지성을 능동적으로 동원하여 제시된 견해에 더해 논쟁하고 판단하게 된다. 책은 영구적이어서 우리 마음의 반응을 요구한다. 책은 우리의 생각을 키우고, 우리 자신과 일상에서 벗어나 생각하도록 돕는다. 하나님이 특별한 계시를 전달하기 위해 책을 선택한 것은 결코 우연이 아니다![22]

## 논쟁과 경고

맥아더는 밥존스대학교에서 보낸 2년 동안 근본주의의 영향을 받았다. 이로 인해 성경이 곧 하나님의 말씀이라는 확신을 갖게 되었다. 그러나 점차 근본주의의 단점을 인식하게 되었다. 그것은 근본주의의 표준을 제시한 루이스 스페리 채이퍼(Lewis Sperry Chafer)의 한 책에 대한 워필드(B. B. Warfield)의 평가를 통해서였다. 워필드는 채이퍼의 책이 두 가지 일관성 없는 종교 체계를 포함하고 있다고 평가했다. 그것은 하나님의 은혜만을 말하는 종교개혁의 산물과 존 웨슬리의 유산을 가리킨다. 이에 대해 이안 머레이는 이렇게 설명한다.

쟁점은 영생에 이르는 사람의 수가 궁극적으로 하나님의 목적에 의해 결정되는지, 아니면 인간의 의지에 의해 결정되는지에 관한 문제였다. 웨슬리는 선택의 교리에 반대함으로써 많은 복음주의자들의 이해를 종교개혁과 청교도들의 신앙고백에서 멀어지게 했다. 그러나 인간이 타락한 본성을 가지고 있고 하나님과 영적인 것에 적대적이라면, 죽음에서 생명으로 돌아서기로 한 인간의 '결단'이 어떻게 회심의 원인이 될 수 있는가?

찰스 G. 피니(1792-1875)는 인간에게는 타락한 본성이 전혀 없다고 가르침으로써 웨슬리보다 훨씬 더 멀리 나아갔다. 그는 믿음은 근본적으로 인간의 결정이며, 구원은 죄인이 하나님과 복음을 향해 나아감으로써 확보된다고 가르쳤다. 이러한 믿음은 근본주의에서 거의 보편적으로 받아들여졌고, 또 다른 분파에서 나온 오류로 인해 더욱 심화되었다. 근본주의 진영에서 받아들이게 된 '성취되지 않은 예언의 구조'는 세대주의였다. 이 체계는 성경을 '율법'(구약)과 '은혜'(신약)로 엄격하게 구분해야 한다고 믿었다. 예수님은 '교회 시대'라는 새 세대가 아직 시작되지 않았기 때문에 '율법'을 가르치셨지만, 이제 새 세대에 속한 우리에게는 율법이 설 자리가 없다는 것이다. 스코필드의 스승이던 J. N. 다비는 산상수훈에서처럼 유대인에게 하신 그리스도의 설교는 오늘날 설교자들에게 지침이 될 수 없다고 가르쳤는데, 다비는 유대인들이 '왕국 시대'에 살았기 때문에 다른 메시지라고 주장했다. 기독교인들은 이제 유대인들이 '왕국'을 거부한 후 시작된 '교회 시대'에 살고 있다는 것이다. 왕국 시대의 메시지는 '율법'이었지만 교회 시대에는 '은혜'이며, 이 두 가지가 서로 대립한다고 주장했다. 율법에는 행위가 필요하지만 복음은 오로지 은혜라는 것이다. 따라서 복음전도에서 하나님의 율법, 즉 십계명의 생략이 만연하게 되었고, 예상치 못한 엄청난 결과를 초래했다. 죄가 '율법을 범하는 것'이고, 죄의 본질이 '율법에 의해' 드러난다면(요일 3:4; 롬 7:7), 이것이 생략된 곳에서는 중생하지 않은 죄인에게 죄가 의미하는 바의 심각성을 잃어버리게 된다. 그럴 때 복음 설교는 죄에 대한 자각과 하나님에 대한 두려움을 촉구하는 대신, 죄인들이 '그리스도를 위한 결단'을 하도록 격려하는 데 주된 관심을 기울이게 된다. 다시 말해, 회심에 필요한 모든 것이 인간의 선택으로 축소되고, 회심의 시기도 인간이 결정하게 된다. 심지어 중생에 있어서 하나님의 역사도 인간이 결정한 결과로 간주된다.

하나님의 역사가 인간의 의지에 의존한다는 사고방식의 또 다른 결과는 '부흥'이 일어나는 것을 미리 몇 주 전에 계획하고 발표할 수 있다는 것이다. 이 용어는 단순히 '결정'이 확실하고 '제단 초청'에 대한 응답으로 계산되는 일련의 복음전도 집회로 이해된다.[23]

이와 함께 맥아더는 자신의 경험을 통해 대중 전도에 대한 생각을 바꾸게 되었다. 그러나 무엇보다도 마태복음과 산상수훈을 통해 이 문제에 대한 확신을 갖게 되었다.

이를 토대로 그는 1988년 "예수님이 전하신 복음"(*The Gospel According to Jesus*, 한글 번역본은 『주님 없는 복음』)을 출간했다. 이 책에서 그는 채이퍼가 주장한 육적인 그리스도인과 영적인 그리스도인의 구분에 문제를 제기한다. 그러면서 구원과 제자도를 구분하려는 값싼 믿음주의에 반대하여 예수님의 복음과 전도 방식을 살핀다. 그는 "예수님이 전하신 복음은 제자도에의 부르심이며, 순종하면서 그분을 따르라는 부르심이지, 단순히 결정을 내리거나 기도문대로 기도하라는 요청이 아니다"[24]라고 말한다. 이 책은 '주재권 구원'(Lordship Salvation) 논쟁을 불러일으켰다. 이 책의 내용을 보완하기 위해 1993년 "사도들이 전한 복음"(*The Gospel According to Apostles*, 한글 번역본은 『구원이란 무엇인가』)이 출간되었다.

또 그는 고린도전서에 관한 설교를 토대로 1978년 "은사주의:

교리적 관점"을 출간했다. 이 책은 수정 보완되어 1992년 "은사주의 혼돈"(*Charismatic chaos*, 한글 번역본은 『무질서한 은사주의』)이라는 제목으로 출간되었다. 이러한 관심은 2013년 『다른 불』(*Strange fire*)의 출간으로 이어졌다.

1993년에 맥아더는 『복음을 부끄러워하는 교회』(*Ashamed of the Gospel*)라는 책을 냈다. 이것은 세상을 닮아가는 교회를 향한 경고를 담고 있다. 2009년 개정판 서문에서 자신이 이 책을 쓰게 된 당시의 상황을 이렇게 말했다.

> 1990년대 초에 이르러 미국의 복음주의는 세상의 거의 모든 유행을 부끄러워하지 않고 모방했다. 교회지도자들과 교회성장 전략가들은 복음을 시장에서 파는 상품으로 공공연히 묘사했다. … 미국의 교회는 약해지고 세상적이며 인간 중심적인 모습으로 변했다. 복음주의자들은 성경적인 설교보다는 오락적이며 유행에 민감한 것을 더 듣고 싶어했다. … 지나치게 오락에 치우치는 동안 교회는 영적으로 굶주리고 있었다. 번성하는 듯이 보이는 몇몇 초대형 교회는 이 비극적인 현실을 엄청난 출석 인원으로 감추었다. 하지만 그 궤적을 찬찬히 살펴본 사람이라면 누구나 서구 복음주의가 심각한 문제에 처했음을 알 수 있

었다.[25]

맥아더는 이 책에서 실용주의의 위험을 특히 강조한다. 19세기에 모더니즘이 그랬던 것처럼, 우리 시대에는 실용주의가 교회에 중대한 영향을 미치고 있다고 진단한다. 그 대표적인 현상이 교회 마케팅이다. 그는 현재 이러한 흐름으로 나타나는 변화에도 주목하는데, 그것은 이머징 교회로 불리는 포스트모던 실용주의의 등장이다. 중요한 것은 이 철학이 교회에 가져온 궁극적인 폐해다. 그는 이것을 '교회의 세속화'라고 말한다.

1994년 3월 뉴욕에서 복음주의와 가톨릭 연합 선언문(Evangelicals and Catholics Together: The Christian Mission in the Third Millennium)이 발표되었을 때, 맥아더는 『무모한 신앙과 영적 분별력』(*Reckless Faith*, 1994)이라는 책을 통해 비판하고 나섰다. 이 외에도 그는 교회를 향한 경고의 내용을 담은 여러 책을 출판했다. 여기에는 『그리스도만으로 충분한 기독교』(*Our sufficiency in Christ*, 1991), 『양심 실종』(*The vanishing conscience*, 1994), 『값비싼 기독교』(*Hard to believe*, 2003), 『분별력』(*Fool's gold?*, 2005), 『진리 전쟁』(*The truth war*, 2007), 『친절한 척하지 않은 예수』(*Jesus you can't ignore*, 2009), 『슬레이브』(*Slave*, 2010), 『현대 교회를 향한 예수님의 마지막 경고』

(*Christ's call to reform the church*, 2018) 등이 있다.

이처럼 맥아더는 논쟁과 경고를 통해 복음의 변질 및 교회의 세속화와 싸워왔다. 이 점에서 그는 19세기 런던에서 목회했던 스펄전을 닮았다. 그는 2025년 7월 14일 모든 수고를 마치고 주님의 품에 안겼다.

# 3

## 설교

### 성경의 무오성과 강해설교

맥아더는 오늘날 복음주의 설교가 성경의 무오성에 대한 확신을 보여주지 못하고 실용주의화 되는 현상을 명확히 지적한다.[26]

> 사실 오늘날 복음주의적인 교회 강단에서 설교가 성경적 설교로부터 이탈하여 경험 중심적이고 실용주의적이며 제목 위주의 설교로 빠져가는 경향이 눈에 띄게 보이고 있다.[27]

> 성경 강해는 '적실성'에 대한 잘못된 열망 때문에 뒤로 밀려났다.[28]

그러면서 그는 "무오한 성경에 대한 유일한 논리적 반응은 강해 적으로 설교하는 일"[29]이라고 말한다. 그래서 사역 초기부터 로마서와 베드로전후서, 에베소서를 시작으로 신약 전체를 강해 식으로 설교할 목표를 세웠다. 그 결과 그는 오늘날 가장 영향력 있는 설교자 중 한 사람이 되었다. 그래서 2011년에 필 존슨은 맥아더에 대해 이렇게 말할 수 있었다.

> 번지르르한 기교와 시장원리에 의한 메시지로 잘 알려진 20세기 말의 미국 복음주의는 폭과 깊이에서 존 맥아더에 근접이라도 할 다른 강해설교자를 배출하지 못했다. 사실 42년간 신약성경을 성실하게 한 절 한 절 강해한 것은 존 맥아더를 존 칼빈, 토머스 맨튼, 스테판 챠녹, 마틴 로이드 존스같이 진정으로 위대한 이름들로 선별된 집단에 두게 한다. 존의 독특한 사역을 훨씬 더 주목하게 하는 것은 그가 그 임무에 남아 있었다는 것이고, 그의 영향력이 전세계적으로 계속 감지되고 있다는 것이다. 그동안 복음주의 주류 안의 잘 알려진 설교자들 가운데 거대 다수는 대중문화의 일시적 유행을 따라갔고, '적실한'(relevant) 듯 보이는 무모한 요구 가운데 점점 더 하찮아졌고 피상적이 되었던 것이다.[30]

## 설교 준비

맥아더는 매주 수요일, 목요일, 금요일에 설교를 준비한 것으로 알려져 있다. 아침 설교와 저녁 설교에 하루 반나절씩 사용한 것이다. 그가 밝힌 설교 준비 과정은 이렇다.

나는 본문을 읽는 것으로 시작한다. 나는 연속적인 메시지를 설교하기 때문에 무엇이 나올지 안다. 그 내용을 예상하고 있다. 나는 본문을 취해 반복해 읽음으로써 본문을 명확히 파악하고, 그런 다음 본문을 통해 사물을 보기 시작한다. 수요일이 되면 원어로 본문을 자세히 분석하여 내가 다루는 것을 알게 된다. 나는 본문이 말하는 것을 알기 원한다. 이것이 내가 실제로 찾는 것이다. 본문이 무엇을 말하는가?

나는 내가 모든 문제, 모든 쟁점, 모든 문법, 모든 구문, 모든 단어연구 또는 수반되는 것은 무엇이든 다룬 것을 분명히 하길 원한다. 나는 종이에 그 모든 자료를 자세히 적는다. 그럴 때 성경의 문맥 속에서 그 부분을 실제로 이해하게 된다.

두 번째 단계에서는 주석을 살펴 과거의 조명을 이용함으로써 쓸데없이 시간을 낭비하지 않는다. 나는 주석을 즐겨본다. 본문이 여러 신학적인 틀 속에서 어떻게 해석되는지를 알게 해

주기 때문이다. 강경한 칼빈주의부터 알미니안, 새크라멘탈리스트 혹은 다른 체계에 이르기까지 주석은 유용하다. 나는 다른 신학 체계들이 어떻게 본문을 해석하는지 파악할 수 있어 다양한 주석 보는 것을 즐긴다.

나는 문맥을 살피기 때문에 본문에 대한 다른 책은 거의 읽지 않는데, 앞으로는 이따금 읽을 예정이다. 나는 주석을 15권 읽는데, 본문에 관한 특별한 책이나 잡지 기사를 발견하면 그것도 참조할 것이다. 이렇게 이 모든 자료가 수집된다.

설교 만드는 데 중심이 되는 주요 명제인 주요 개념이 세워지면, 본문은 연속적 패턴으로 구분되기 시작한다. 이 구조적 패턴은 일련의 요점들로서 과정 중 세 번째 단계다. 이것이 내가 말하려는 것으로 다듬는 때다. 내가 마지막으로 하는 것은 예화를 끼워 넣는 것이다. 나는 우선적으로 성경 예화, 즉 다른 본문에 직접 나오는 것을 사용한다. 내가 이렇게 하는 몇 가지 이유가 있다. 첫째, 이렇게 하면 흥미를 더해줄 뿐 아니라 권위를 가져온다. 둘째, 예를 통해 교훈을 준다. 셋째, 계속해서 회중이 성경에 나오는 본문과 친숙해진다.[31]

**이렇게 준비되는 맥아더의 설교에서 강조하는 것이 몇 가지**

있다.

### ① 명료함

설교자가 본문을 명료하게 이해하지 못하고 강단에 올라가면 청중은 그의 말을 이해하지 못할 것이다. 맥아더는 한 인터뷰에서 이렇게 말했다. "명료함(clarity)이야말로 설교자의 삶에서 가장 중요한 목표입니다."[32] 그러면서 이런 설명을 덧붙였다.

> 설교 한 편을 준비하는 데 15시간이 필요하지는 않아요. 30분이면 충분하지요. 하지만 본문을 명료하게 이해하려면 15시간이 필요합니다. 본문을 명료하게 이해하기는 쉽지 않거든요. 본문을 이해하는 데 몰두해야 해요. 본문을 아주 명료하게 이해하고 강단에 오르면, 설교가 완전히 달라집니다.[33]

이와 관련해 맥아더는 설교 원고를 다 쓸 것을 권장한다. 이렇게 하는 것이 본문을 명료하게 이해하도록 돕기 때문이다. 이와 관련해 그는 해돈 로빈슨의 말을 인용한다.

> 전달을 위한 준비의 많은 부분은 원고의 사용에 있다. 내 경

우 설교를 쓰는 것은 생각하는 한 방법이다. 스스로 명백하게 생각할 때, 전달은 훨씬 자연스럽다. 때로 전달의 가장 큰 결함은 설교자가 말하기 원하는 것을 확실히 모를 때 온다.[34]

또 명료함을 위해 맥아더가 결론적으로 강조한 것은 성령의 조명이다. 그는 이렇게 말한다.

> 조명은 계시나 영감과 같지 않다. 그것은 새로운 진리를 전달하는 것이 아니라 최종적이고 완전한 하나님의 계시인 성경의 진리를 우리가 깨닫게 하는 것이다. 능력 있는 설교로 이끄는 성경의 명백한 이해는 이 성령의 조명의 역사 없이는 불가능하다.[35]

따라서 설교자는 설교를 준비할 때 성령의 조명을 위해 기도해야 한다. 그러나 성령의 조명을 강조한다고 해서 성경연구의 필요성이 사라지는 것은 아니다. 성령의 조명을 강조하는 것이 철저한 준비의 중요성을 약화시키지 않는다. 여기에 대해 그는 이렇게 설명한다.

성령의 영감에 있어 신적인 요소와 인간적인 요소 사이의 동일한 긴장이 조명에 있어서도 존재한다. 성령의 영감이 저자 편에서의 노력을 배제하지 않는다. 예를 들면, 누가는 하나님의 계시를 받아 복음서를 기록했지만, "모든 일을 근원부터 자세히 미루어 살폈다(연구, 조사하였다)"(눅 1:3). 성령의 영감에 있어 인간의 노력이 필요했다면, 조명에 있어서 부지런한 연구의 필요성은 얼마나 크겠는가.[36]

이와 함께 바이런 얌의 지적도 중요하다. 그는 맥아더의 설교가 명료한 이유를 이렇게 말한다.

그렇다면 존 맥아더는 무엇이 다른가? 개인적인 열정과 진실함이 잘 어우러진다는 점이 다르다. 그에게는 열정적인 진실함, 또는 진실한 열정이 있다. … 내가 지금껏 수년간 들은 것은 존 맥아더의 분명한 설명만이 아니었다. 설명하는 내용에 대한 존 맥아더의 확신과 진심 어린 믿음도 들은 것이다. 이러한 요소들이 어우러져 존 맥아더의 트레이드마크인 명료함을 낳았다. … 중요한 것은 능력이 아니다. 지식을 겸비한 열심이다. 한 마디로 예배다. 존 맥아더가 우리에게 보여주는 것은, 설교자의 똑

똑함이나 설교의 틀이나 개인적인 기술이 아니라 설교자와 예수 그리스도의 진실한 관계에 토대를 두어야 한다는 것이다.[37]

② 성경 본문의 원리화

맥아더는 한 인터뷰에서 성경적 설교를 성경 본문의 원리화라는 말로 정의했다.

> 성경적 설교는 성경 본문과 성경의 진리가 설명되고 명확하게 표현된 설교 방식입니다. 그 이상도 가능할 수 있으나, 성경적 설교는 성경을 그 본문과 특정 본문이 묘사하는 진리에 기초하여 설명하는 것입니다. 여러 해를 거쳐, 저는 이것을 본문을 '원리화하는'(pricipleizing) 과정이라고 이름을 붙였습니다. 본문을 설명하는 것으로는(이 말씀은 그런 뜻이고 이 말씀은 이런 뜻이고) 충분하지 않습니다. 다음 단계로 넘어가서 원리를 이끌어 내야 하는 것입니다. 그것이 신학입니다. 따라서 성경적 설교는 신학을 강력하고 확신 있게 설득력 있는 방식으로 명확하게 말하는 것입니다. 신학은 하나님, 그리스도, 성령, 인간, 시간, 영원에 관해 참된 것입니다.[38]

성경 본문의 원리화는 강해설교에 대한 그의 설명에서도 나타난다.

> 강해설교를 한다는 것은 강단에서 성경연구를 통해 얻은 세부적인 사항을 나열하는 것이 아니다. 어휘 연구나 나열식 본문 주해는 강해설교가 아니다. 강해설교는 단순히 본문의 문법적 구조와 단어의 의미를 설명하는 것 이상이다. 참된 강해설교는 본문에서 나타내는 원리나 교리를 제시하는 것이다. 참된 강해설교는 교리적인 설교다.[39]

이러한 성경 본문의 원리화 과정은 중요하다. 이 과정을 통해 적절한 적용이 가능해지기 때문이다. 다시 그는 이렇게 말한다.

> 강해설교는 성경연구의 결과를 단순히 옮겨놓는 것 이상을 의미한다. 참된 강해설교는 본문의 세부적인 사실을 보편적인 원리나 교리로 변형시키는 것을 포함한다. 그렇게 함으로 강해설교자는 적절한 적용과 아울러 신학적으로 설교한다.[40]

따라서 그는 설교에서 성경 본문의 적절한 적용이 어떻게 이루어지는지를 이렇게 설명한다.

> 원리(진리)의 명백한 일반적 적용 없이 설교자는 청중에게 구체적인 적용을 제시할 수 없다. 이것은 설교자가 적용해서는 안 된다는 말이 아니라, 본문의 뜻이 분명하게 설명되면 성령께서 그 진리를 취하시어 각 청중에게 적용하시므로, 청중은 설교자가 기대하는 것보다 훨씬 강력하게 적용하게 된다.[41]

이것이 맥아더가 적용보다 본문의 의미를 이해하는 데 더 관심을 두는 이유다. 그는 자신의 설교가 적용이 부족하다는 비판에 대해 이렇게 대답한다.

> 저더러 적용이 부족하다고도 하더라고요. 인정합니다. 부분적으로는 맞는 말이니까요. 왜냐하면 제가 두 가지에 가장 크게 관심을 두는데, 하나는 성경적 개념을 최대한 명료하게 이해하는 일이고, 다른 하나는 그것이 제 삶에 어떤 영적 의미가 있는지 깨닫는 일입니다. 제가 이러한 개념과 의미를 분명하게 제시할 때, 성령이 충만한 신자라면 하나님께서 의도하신 그대로 영향받을 거예요. 저는 이런 확신을 가지고 설교합니다.[42]

③ 중심 주제

맥아더가 설교 준비에서 특히 중요하게 여기는 것이 있다. 본문에서 중심 주제를 발견하여 그에 따라 설교를 전개하는 일이다. 이에 대해 그는 이렇게 말한다.

> 중심 주제란 '핵심 사상'(big idea), 주제(thesis) 혹은 명제(proposition)라고 불린다. 본문이 가르치는 주된 사상을 말한다. 주제는 종종 본문의 주동사와 연관되어 있다. 항상 그런 것은 아니지만, 특히 비유나 이야기인 경우 더욱 그렇다. 나는 본문을 읽으면서 '이 본문의 주된 메시지는 무엇인가?' '중심 진리는 무엇인가?' '중심 강해 주제는 무엇인가?'라고 묻는다. 그것을 일단 발견하면, 나는 완전한 문장으로 적는다. 본문의 중심 사상을 생각 속에 명확히 붙잡는 것은 매우 중요하기 때문이다. 본문의 전개는 사실상 여기에 달려 있다.
> 중심 주제는 강해(설교)에서 내가 겨냥하는 표적이다. 그것은 또한 청중이 설교를 들은 후 그들이 간직하기 원하는 메시지다. 그러므로 명제를 세심하게 생각하고 명확하게 기술하는 것은 극히 중요하다. 설교의 모든 것은 명제를 지지하고 설명하고 확신시키는 데 있다. 이것은 모든 강해설교는 하나의 중심 주제

를 가져야 하며 이 구절 저 구절 왔다 갔다 해서는 안 된다는 사실을 의미한다.[43]

그러면서 그는 자신의 실제적인 방법을 소개한다. 이때 그가 관심 갖는 것은 본문의 논리적 흐름이다.

> 나는 종종 질문 형식으로 내 중심 주제를 기술하고, 어떻게 본문이 그 질문에 답하는지를 보인다. … 질문이나 주제를 작성한 후, 나는 아우트라인을 다듬기 시작한다. 모든 소주제가 중심 주제에 명확히 관련되는지 확인한다. 아우트라인은 본문의 논리적 흐름을 통해 적용되어야 할 교리의 목적지로 청중을 인도하는 지도다. 이 흐름이 명확해야 함은 매우 중요하다. 본문을 살펴나가면서 나는 본문의 정확한 해석뿐 아니라 왜 그런 해석이 옳은지를 보인다. 본문의 의미가 무엇인지 말하는 것만으로는 충분하지 않다.[44]

이처럼 중심 주제에 따라 설교를 전개하는 것은 효과적인 설교 전달을 가능하게 한다.

## 설교 전달

존 맥아더에게 설교 전달은 설교 내용만큼이나 중요하다. 그는 "내용은 좋으나 형편없이 전달된 설교는 내용이 형편없으나 잘 전달된 설교보다 나을 것이 없다"[45]고 말한다. 그는 효과적인 설교 전달을 위해서는 몇 가지가 필요하다고 본다.

### ① 내용의 명백함

이것은 앞에서 말한 중심 주제와 관련이 있다. 중심 주제가 분명할수록 내용은 명백하고 효과적으로 전달된다. 이에 대해 맥아더는 이렇게 말한다.

> 강해 전달의 열쇠는 주제가 두드러지게 드러나도록 하는 것이다. 주제에 초점을 맞추고 대지를 강조하라. 복잡한 아우트라인을 피하라. 그것은 청중이 대지를 놓치게 한다. 주제와 아우트라인을 강조하는 가장 효과적인 방법은 반복이다. 한 대지에서 다음 대지로 옮겨가면서 이미 다룬 대지를 기억하도록 간단한 경과구(transitional sentence)를 사용하라. 설교의 주제를 적절한 만큼 자주 상기시켜라.[46]

이와 함께 그는 설교가 논리적 흐름에 따라 전개되어야 함을 강조한다. 청중의 주의가 산만해지는 것을 막아주기 때문이다.

> 설교가 분명한 아우트라인을 갖고 청중을 한 단계 한 단계씩 이끌고 간다면 청중의 관심을 그대로 유지할 수 있을 것이다. 설교는 어디론가 가야 한다. 서로 관련 없는 사실을 나열할 수만은 없다. 서로 연관이 없으므로 설교에 흥미가 없으면 청중은 관심을 잃는다.[47]

### ② 분명한 언어

명백한 내용은 이해될 수 있는 말로 전달되어야 한다.

### ③ 열정

맥아더는 열정이 효과적인 전달에 필수라고 믿는다. 이와 관련해 그는 설교를 '불붙은 논리'라고 정의한 로이드 존스의 말을 상기시킨다.

> 열정이 없는 신학은 결함이 있는 신학이라고 나는 주장한다. 적어도 신학에 대한 사람의 이해에 결함이 있다. 설교는 불이

붙은 사람을 통해 오는 신학이다. 진리에 대한 참된 이해와 경험은 이것으로 인도해야 한다. 나는 다시 말하거니와 이러한 것에 관해 열정적으로 말할 수 없는 사람은 전혀 강단에 설 권한이 없고 결코 들어서게 해서도 안 된다.[48]

이런 그가 설교에서 어떻게 열정을 갖게 되는지 말한다.

설교하고자 하는 기대에 부풀어 있지 않으면 청중이 설교에 대한 기대에 부풀어 있게 할 수 없다. 하나님께서 주시는 메시지는 우리 골수에 불붙는 것 같아서, 전하지 않고는 견딜 수 없어야 한다(렘 20:9). 한 주간 말씀 연구와 준비 후에 주일 강단에 오르면 나는 내가 전하려는 것에 마음이 부푼다. 사람들은 종종 얼마나 일찍 설교를 준비하는지 묻는다. 나는 매주 오는 주일 설교를 준비한다. 그렇게 함으로 설교에 집중하게 된다. 새로운 발견의 감격은 열정을 자아낸다.[49]

### ④ 권위

이안 머레이는 "맥아더 사역의 첫 번째 특징은 하나님께서 그로 성경의 권위, 충분성, 최종성을 고수할 수 있게 하신 방식"[50]이라고 말한다. 그는 이 특징이 맥아더의 설교에서 어떻게 나타나는지 이렇게 설명한다.

> 성경의 권위는 설교자가 대중 앞에서 하나님의 말씀을 다루는 방식에서도 여실히 드러납니다. 성경이 하나님의 계시라는 본질이 성경을 가르치는 방식을 통제해야 합니다. 설교자가 청중이 처음에 집중하지 않는 것을 피하기 위해 성경을 메시지의 첫머리에 두지 않아야 한다고 생각한다면 심각한 문제가 있는 것입니다. 청중을 사로잡는 가장 좋은 방법은 매력적인 이야기와 유머를 설교에 뿌리는 것이라고 생각하는 것도 마찬가지로 잘못된 것입니다. 맥아더는 이런 것 없이 주의를 끌 수 없는 사람은 성령의 검을 다루는 것이 무엇을 의미하는지 모르는 사람이라고 말합니다.[51]

맥아더는 이 권위가 '위대한 설교에서 항상 발견되는' 요소라고 말한다. 그러면서 어떻게 권위 있는 설교가 가능한지를 설명한다.

> 권위 있는 말씀의 효과는 설교자의 인격에 달려 있다. 설교자의 삶이 그의 말과 일치하지 않으면 결과적으로 아무리 메시

지를 잘 준비하고 잘 전달했다 하더라도 없어지고 말 것이다. 그러므로 바울은 디모데에게 말씀뿐 아니라 자신을 삼가라고 명령한다(딤전 4:16). 그러나 하나님의 말씀을 다루는 데 부주의한 사람은 결함 없는 명성이 있다 해도 권위 있게 설교할 수 없다. 순수한 인격과 유능한 전달 둘 다 필요하다.[52]

### ⑤ 성령의 능력

그는 효과적인 설교 전달에 대해 결론적으로 이렇게 말한다. "궁극적으로 오직 한 가지만이 설교가 삶의 변화를 가져오게 하는 데 효과적이 되게 한다. 곧 성령의 능력이다."[53]

# 4

## 목양

### 교회에 대한 사랑

맥아더의 목양에서 우선적으로 주목해야 할 것이 있다. 사도 바울을 목회 사역의 모델로 삼았다는 사실이다. 그는 이렇게 말한다.

> 그러나 내게 가장 큰 영향을 미친 목회 사역의 모델이 누구냐고 묻는다면 조금도 주저하지 않고 사도 바울이라고 말할 것이다. 사역 초창기에 나는 그가 보여준 탁월한 사역 모범에 매료되었다. 나는 항상 나 자신을 바울의 제자인 디모데의 입장이라고 생각하며, 바울에게서 배우고 그를 본받고자 최선을 다했다(종종 내 실패로 좌절하기는 했지만). 특히 그가 보여준 용기, 성

실함, 그리스도를 향한 간절한 사랑, 그리고 세상의 배척과 외면을 기꺼이 감당했던 모습이 큰 도전으로 다가왔다.[54]

그는 바울이 그리스도를 사랑했기에 교회를 사랑한 것을 발견했다. 교회에 대한 바울의 열정과 헌신과 수고는 그리스도를 향한 사랑에서 나온 것이다. 그래서 맥아더는 목사들에게 이렇게 말했다.

> 여러분이 그리스도를 얼마나 사랑하는지는 여러분이 그리스도의 백성을 얼마나 사랑하는지로 알 수 있고, 그리스도의 백성을 얼마나 사랑하는지는 그들이 영적으로 성숙하기를 여러분이 얼마나 원하는지로 알 수 있다.[55]

이처럼 존 맥아더의 목양은 교회에 대한 사랑에서 비롯되었다. 그에 따르면, 교회에 대한 사랑은 무엇보다도 교회의 영적 성숙을 위해 진리를 가르치는 것으로 입증된다. 이것이 그가 설교와 가르침에 헌신하는 이유다.

## 목회 철학

맥아더는 교회 성장을 사람의 일이 아닌 하나님의 일로 보았다. 그래서 교회 성장을 위해 인위적인 방법을 쓰는 대신 하나님을 의지했다. 그는 자신의 목회 철학을 이렇게 소개한 적이 있다.

> 목회 초기에, 저는 주님 앞에서 오직 사역의 깊이에 대해서만 고민할 것을 약속했습니다. 그리고 주님이 그 넓이를 살피시도록 했습니다. 말할 필요 없이, 주님은 제가 생각한 것을 훨씬 뛰어넘어 사역을 넓혀주셨습니다. 인기를 끌거나 숫자적 성장을 위해 전략을 짜듯 시장의 매력 같은 것을 저는 전혀 생각해 본 적이 없었습니다. 대신 성경을 깊이 있고 지속적이며 정확하게 가르치는 데 집중했습니다. 그 외에 대해서는 단순히 하나님을 의지하고자 결단했습니다.[56]

이런 목회철학에 따라 그는 실제로 교회 성장이 하나님에 의해 이루어지는 것을 경험했다. 그는 자신이 경험한 교회 성장에 대해 이렇게 설명한다.

> 나는 우리 교회의 수적 영적 성장은 주권자 하나님의 뜻에

의한 것이라고 말하지 않을 수 없다. 그것을 설명할 수 있는 마케팅 기법이나 현대적 방법은 없다. 우리는 그런 기술에 의존하지 않을 것이다. 우리는 인간의 공식과 프로그램과 고안으로 이루어진 성장을 원하지 않는다. 우리는 적극적인 성경적 사역에 초점을 두고 주님의 교회에 수를 더하는 일을 주님께 맡기는 것으로 만족한다(행 2:47). 우리가 할 일은 주님이 우리가 하도록 계획하신 것을 충실히 하는 것이다.

다시 우리는 전능하고 주권적인 하나님의 원리로 돌아간다. 우리는 교회를 세우는 일이 하나님의 일임을 잊지 말아야 한다. 우리가 할 일은 '온 천하에 다니며 만민에게 복음을 전파하는'(막 16:15) 것이다. 일단 우리 자신을 교회의 설계자와 건축자로 생각하기 시작하면, 하나님의 정당한 역할을 빼앗고 성공과 수(數)와 규모와 다른 인위적 기준으로 우리의 목표를 다시 정한다. 단지 그런 철학을 기초로 세워진 교회는 잠시 번영하는 듯하나 결국 영적 실패를 당한다.[57]

## 예배

맥아더가 그의 목양에서 무엇보다 강조한 것은 예배다. 그는 자신의 경험과 성경 연구를 통해 예배가 교회의 궁극적 우선순위임을 깨달았다. 그는 『예배』(Worship: The Ultimate Priority)라는 제목의 책에서 이렇게 말한다.

> 여러 해에 걸쳐 성경을 읽으며 연구하는 동안 예배의 사자가 끊임없이 내 마음에 접근해 왔다. 우리가 예배하는 하나님의 어마어마한 위엄이, 완전한 거룩하심의 형언할 수 없는 영광이, 늘 하나님께 합당한 영광을 돌리지 못하고 있다는 애처로운 현실이 거듭 내 마음을 사로잡았다. … 1982년 1월, 요한복음 4장을 설교하다 깨달은 것이 있었다. 나를 따라다니는 그 사자에게 쫓겨 다닐 것이 아니라 오히려 내가 쫓아가야 한다는 사실을 깨달았다. 그것은 내 사역과 우리 교회에 중요한 전환점이었다. 끊임없는 예배가 모든 그리스도인의 가장 중요한 우선순위가 되어야 한다는 깨달음은, 우리 성도들에게 혁명을 일으켰고 새로운 힘을 불어넣었다.[58]

그는 신자의 몸이 성전(고전 6:19)일 뿐 아니라 교회가 성전(고전 3:16)이라는 사실에 주목한다. 그러면서 개인의 예배와 공동의 예배가 둘 다 필요함을 이렇게 설명한다.

개인적인 예배와 공동의 예배는 서로 양분을 공급해 준다. 그래서 한편으로 내게는 성도들 간의 교제가 필요하다. 그리고 다른 한편으로 성도들의 공동체는 지속적인 예배의 삶을 살기 위해 나를 필요로 한다. 신앙생활에서 생기는 대부분의 문제의 원인은 두 가지와 관련이 있다. 일주일에 6일 동안 삶으로 예배드리지 않거나, 일주일에 하루 성도들과 함께 모여 예배드리지 않는 것이다. 우리에겐 둘 다 필요하다.[59]

또 그는 예수님이 예배의 대상을 아버지로 말씀하실 때 그 의미를 이렇게 설명한다.

그러나 요한복음 4장과 신약성경의 다른 부분을 보면, 예수님이 하나님을 '아버지'라고 말씀하실 때 성도들과의 관계 속에서 하나님의 아버지 되심을 말씀하시는 것이 아니다. 예수님이 그 용어를 사용하실 때는 언제나 삼위일체에서 성부 하나님의 위치를 나타냈다. 특히 성자 예수님과 관련지어서 말이다.[60]

그러면서 그는 "주 예수 그리스도의 아버지로서 하나님을 예배하지 않으면 하나님은 그 예배를 결코 받으실 수 없다"[61]고 말하며,

"사실 아버지께 예배드리는 유일한 길은 그 아들을 예배하는 것"⁶²이라고 말한다. 이와 함께 그는 예배에 대한 자신의 관점을 이렇게 말한다.

> 하나님이 영과 진리로 드리는 예배를 원하신다면, 그리고 예배가 단지 회중의 유익을 위한 쇼가 아니라 하나님께 드리는 것이라면, 우리 예배의 모든 면은 하나님을 기쁘시게 하며 하나님의 말씀과 조화를 이루어야 한다.⁶³

여기서 그가 주목한 것은 오직 성경(Sola Scriptura)이라는 종교개혁자들의 원칙이다. 개혁 교회는 성경의 충족성을 예배에도 적용함으로써 규제 원리(regulative principle)를 확립했다.⁶⁴ 이것은 성경에서 하나님이 명령하신 것과 그로부터의 논리적인 결과만을 허용한다는 입장이다. 이 원리는 오늘날 세부적인 적용에서 다양성이 인정되어야 하지만, 참된 예배를 위해 여전히 중요하다. 맥아더는 그 이유를 이렇게 말한다.

> 참된 예배에 대한 확실한 성경적인 이해는, 많은 복음주의 교회가 행하고 있는 실용주의적이고 프로그램 중심적이며 번

영을 중시하는 사고방식에 대한 완벽한 해결책이 될 것이다. 인간의 필요를 채워주고, 인간의 욕구를 충족시키며, 인간의 감정을 조작하고, 인간의 자아를 주물러주느라, 지금의 교회는 예배가 무엇인지 망각한 듯하다. 오늘날 일반적인 교회는 사실상 대중적인 종교의 모습을 보여주고 있다. 그것은 오로지 자기애, 자존감, 자아 성취, 자기 영광에 중심을 둔 것이다. 그런 것들은 모두 참된 예배의 정반대 방향으로 사람들을 인도하고 있다.[65]

## 전도

맥아더에 따르면, 전도는 몸의 증언이다. 교회는 그리스도의 몸이기 때문이다. 여기에는 개별 지체로서 몸의 의한 전도와 전체 몸에 의한 전도가 있다.[66] 그는 개별 지체에 의한 전도에 대해 이렇게 말한다.

물론 이웃 초청의 밤이나 방문전도 같은 프로그램을 반대하지 않는다. 하지만 교회가 지역 사회에 깊이 파고들 수 있는 최상의 방법은 개인의 삶을 통해 복음을 전할 수 있는 그리스도인을 육성하는 것이다. 1년에 한 번씩 일주일 동안 부흥성회를 개

최하는 것과 1년 365일 늘 복음을 전할 수 있는 교인을 육성하는 것 중 어느 쪽이 더 낫겠는가?[67]

이처럼 그레이스커뮤니티교회는 전도 집회나 전도 프로그램을 지양하고 일대일 생활전도에 집중했다. 그 결과 전도하지 않는 교회처럼 보였을지라도 풍성한 전도의 열매를 거둘 수 있었다.

맥아더는 전체 몸에 의한 전도도 강조한다. 이것은 보이는 하나 됨(요 17:20-21)과 사랑(요 13:33-35)에 의한 몸의 증언을 말한다.

## 성경적 상담

맥아더의 목회에서 두드러진 요소 중 하나는 성경적 상담이다. 그는 1980년 발생한 교회 청년의 자살로 '성직자의 의료과실' 소송에 휘말린다. 이로 인해 성경적 상담을 기독교 심리학으로 대신하려는 교회 내의 추세를 깨닫게 된다. 그는 기독교 심리학이라는 말 자체가 모순이라고 말한다. 그 이유는 심리학의 전제와 기독교의 진리는 통합될 수 없기 때문이다.

유신론적 진화론같이, '기독교 심리학'은 본래적으로 모순된

두 사상 체계를 조화시키려고 시도하는 것이다. 현대 심리학과 성경은 성경의 충족성을 심각하게 양보하거나 완전히 포기하는 것 없이 혼합될 수가 없다.[68]

그럼에도 오늘날 교회는 기독교 심리학의 영향 아래 있다. 맥아더는 이 상황을 이렇게 요약한다.

'정신과 정서적 건강'이 새로운 전문적 유행어다. 비록 많은 사람이 그것을 영적인 온전함과 동일하게 보고 있지만 성경적 개념이 아니다. 죄가 병으로 불리고, 그래서 사람들은 회개가 아닌 치료가 요구된다고 생각한다. 습관적 죄가 중독 또는 강박적 행동으로 간주되고, 많은 사람이 그 해결책을 도덕적 교정보다는 의료적 돌봄이라고 생각한다.[69]

맥아더는 이렇게 된 원인을 성경적 설교의 쇠퇴에서 찾는다. 따라서 이 상황을 바꾸는 길은 성경적 설교의 회복에 있다. 여기서 핵심은 성경의 충족성에 대한 믿음을 강조하는 것이다.

많은 복음주의적 교회의 설교가 성경의 주해를 담고 있지 않다. 성경의 내용은 예화, 이야기, 비유, 심리학적 이야기로 대치되었다. 인간관계, 우울, 행동 같은 주제가 성경적이라기보다는 심리학적 관점에서 다루어진다. 자기 사랑과 자존감 같은 심리학적 개념이 설교단에서 회개의 개념과 인간의 죄성을 몰아내고 있다.

… 사람들의 문제에 대한 성경적 대답을 제공하는 데 실패하면서, 성경은 그들을 괴롭히는 주제에 대한 답을 제공하지 않는다는 생각을 사실상 많은 설교자가 사람들에게 제공한다. 그다음 대체물로 심리학을 제공하면서, 그들은 심리학적 해답이 '단순한' 성경적 상담보다 좀 더 신뢰할 만하고, 좀 더 도움이 되고, 좀 더 세련되다는 만연하게 그릇된 생각을 주입하고 있다.

그러한 생각에 대한 해답은 성경의 충족성에 대해 강조하는 것이 설교단에서 시작해 살아나는 것이다. 성경은 인간 마음의 모든 깊은 필요에 대해 충분한 도움을 제공한다. 설교자가 그러한 진리를 확신할 때, 상담 사역은 성경의 충족성에 대한 같은 믿음을 확실히 반영할 것이다.[70]

이와 함께 맥아더는 상담이 그리스도의 몸의 사역으로서 이루어져야 함을 말한다. 교회는 상담을 숙련된 전문가로 특별하게 훈련된 심리치료사에게 맡길 것이 아니라, 몸의 지체로서 영적 은사를 갖춘 성도의 사역으로 이해해야 한다. 그는 이렇게 말한다.

> 성경은 상담을 다른 모든 사역의 측면과도 같이 몸이 건강할 때 자연스럽게 발생하는 교제의 기능으로 설명한다. … 모든 신자는 서로에게 상담하도록 기대되어진다. 모든 기독교인은 공동체 내에서 권고, 훈계, 격려의 사역을 나누라는 명령을 받았다.[71]

## 성경적 지도력

맥아더는 교회의 리더십에 대해 이렇게 설명한다.

> 리더십은 매혹적인 것과는 거리가 멀다. 교회의 리더십은 교회의 귀족들에게 수여되는 명예 휘장이 아니다. 교회의 리더십은 돈으로 사고파는 것도 아니요, 세습되는 것도 아니요, 연배에 따라 정해지지도 않는다. 사업에 성공했거나 재물이 많거나 또는 지성이나 재능이 뛰어나다고 교회지도자가 될 수 있는 것도 아니다. 오직 흠 없는 인격과 성숙한 영성과 겸손히 섬기는

자세를 갖춘 사람만이 교회지도자가 될 수 있다.[72]

그러면서 이렇게 말한다.

> 하나님이 우리 교회를 축복하신 이유는 무엇보다 교인들이 성경의 리더십에 충실한 데 있다고 확신한다. 교인들이 우리 교회 장로들의 모범적인 신앙생활을 본받고자 노력한 덕분에, 우리는 하나님이 주시는 놀라운 축복을 경험할 수 있었다.[73]

이처럼 교회의 리더십에게 우선적으로 요구되는 자질은 교인들에게 본이 되는 경건이다. 교회 사역의 성패는 능력이 아니라 경건에 의해 좌우된다.

> 사역의 핵심은 경건이다. 아무리 머리가 명석하고, 의사전달 능력이 출중하더라도 하나님 말씀에 무지하고 경건한 삶을 살지 못하면 사역은 실패할 수밖에 없다. 사역의 성패는 진리의 지식과 경건한 삶에 달려 있다.[74]

## 권징

맥아더에게 권징은 목회의 아주 중요한 요소다. 주님께서는 교회의 거룩성이 무엇보다 중요한 관심사이기 때문이다. 1969년 그레이스커뮤니티교회에 부임할 당시 그의 마음을 사로잡고 있었던 것은 마태복음 18장 15-20절이다. 그는 2008년 첫 주일에 이 말씀을 본문으로 설교하면서 이렇게 말했다.

> 하지만 이 말씀은 교회에 주시는 첫 교훈입니다. 마태복음 18장에서 '교회'라는 단어가 처음 등장한 곳이 여기입니다. 교회는 교인들의 죄를 다루어야 한다는 것, 이것이 우리 주님이 교회에 가장 관심 갖고 계신 부분이라는 말씀입니다. 주님이 교회에 주신 첫 명령이 이 말씀이라면, 이 말씀이 맨 마지막이 아니라 맨 앞부분에 나온다면, 최우선 순위여야 하지 않겠습니까? 어떻게 말씀을 읽고 깨닫고도 실천에 옮기지 않을 수 있습니까?[75]

그가 권징의 중요성을 깊이 깨달은 것은 1970년대에 고린도전서 5장을 강해하면서다. 그는 교회가 세상을 향해 나아가려면 교회의 순결이 필수인데, 권징을 통해 가능하다는 것을 인식한 것이다.

그는 교회의 거룩성과 관련된 권징에 대해 이렇게 말한다.

> 사람들에게 거룩한 삶을 독려할 수 있는 방법을 모색하면서 깨달은 사실은, 설교로만 경건한 삶을 강조하고 사람들의 반응에 무관심하면 아무 소용이 없다는 것이다. 마태복음 18장, 고린도전서 5장, 데살로니가후서 3장은 경건한 삶의 기준을 확실히 설정해야 할 책임이 교회에 있다는 점을 분명히 한다.[76]

> 교회가 회개하지 않은 교인을 출교하기로 결정했다면, 그것은 곧 하늘나라의 결정이다. 교회의 권징은 하늘나라의 거룩함을 나타내는 땅 위의 방법이다.[77]

또 그는 오늘날 교회가 분별력을 잃고 무모한 신앙에 빠지는 이유 중 하나가 권징을 등한히 하는 데 있다고 보았다. 그에 따르면, 죄를 묵인하는 교회는 교회 자체의 거룩함을 파괴하는 것이요 그 교회 교인들의 분별력을 파괴하는 것이다.[78]

이런 이유로 그는 교회 내 일부 사람들의 반대에도 권징을 시행했다. 필 존슨은 이렇게 말한다. "그레이스교회는 교회생활의 중요한 측면으로서 일관된 권징의 성경적 패턴을 강조한 이 나라 최초

의 주목할 회중 가운데 하나가 되었다."⁷⁹

Summary
## 요약

우리가 존 맥아더의 목회에서 제일 먼저 배워야 할 것은, 하나님의 말씀에 대한 믿음이다. 맥아더는 이 믿음으로 평생 강해설교에 헌신했다. 교회 성장을 위한 실용주의 방법론이나 프로그램을 좇는 대신, 성경의 진리를 드러내고 그것을 삶에 적용하는 일에 집중했다. 그 결과 하나님은 그의 설교와 목양을 통해 풍성한 열매를 거두게 하셨다. 이것은 오늘날 실용주의 방법론과 프로그램을 좇는 목회자들의 성공과 다르다. 그들의 성공에는 교회의 세속화라는 어두운 그림자가 드리워져 있기 때문이다. 하나님께서는 지금도 그분의 말씀을 믿는 목회자를 통해 거룩한 교회를 세워가신다. 그들은 사도 바울처럼 고백할 수 있는 사람들이다. "나는 선한 싸움을 싸우고 나의 달려갈 길을 마치고 믿음을 지켰으니"(딤후 4:7).

# Part 2

## 존 찰스 라일의 설교와 목양

# 1

## 복음주의 목회의 전형

라일이 죽고 난 후 그의 삶은 이상하게도 주목받지 못했다. 라일의 전기를 쓴 이안 머레이는 이렇게 말한다. "그의 생전에도 전기를 쓴 사람이 없고, 사후 반세기가 지날 때까지도 본격적인 전기를 쓰려는 시도가 없었던 것은 놀라운 일이다."[80] 이것은 스펄전이 죽은 직후 그의 전기가 쏟아져 나온 것과 대조적이다. 찰스 스펄전의 전기 작가 아놀드 델리모어는 "1892년에 죽은 후 2년 남짓한 기간에, 스펄전 전기가 한 달에 한 권꼴로 나왔다"[81]고 말한다.

이처럼 라일의 이름과 저서가 어느 정도 잊힌 것은 사실이다. 그런데 20세기 중반에 이르러 라일에 대한 관심이 살아나기 시작했다. 이러한 변화를 가져온 것은 바로 라일의 저서들이었다. 머레이는 1947년 M. 거스리 클라크가 출간한 40쪽짜리 전기『존 찰스 라일, 1816-1900』이 나오게 된 배경을 이렇게 알려 준다. "클라크는 옥스퍼드의 한 중고서적 매대에서 라일의『오직 한 길』(Knots Untied)을 집어 들자마자 관심을 갖게 되었다고 말한다."[82] 이 일은 그 후 계속될 라일 전기의 출간을 알리는 사건이 되었다.

또 런던 웨스트민스터 채플의 설교자 마틴 로이드 존스가 런던의 출판인 제임스 클라크를 설득한 결과 라일의 책『거룩』(Holiness)이 1952년 재출간되었다. 로이드 존스는 이 책 추천의 글에서 이렇게 말했다.

> 20여 년 전 헌책방에서 이 책을 우연히 발견하고 읽으면서 누렸던 영적 정신적 만족감을 저는 도무지 잊을 수 없습니다.
> (중략)
> 라일 주교의 논증 방식이나 문체의 특징은 분명합니다. 성경 중심적 강해설교에 있어서 그는 발군입니다. 그의 설교나 강론은 항상 그렇습니다. 어떤 한 이론으로 시작해 다양한 성경 구절을 그 이론에 꿰어 맞추려 하지 않습니다. 그의 설교는 항상 성경 말씀과 더불어 시작하고 말씀을 풀어 갑니다. 최고의 강해설교입니다. 그의 글은 항상 논리적이고 교리를 명징하게 드

러냅니다. 강하고 설득력 있으며, 흔히 '경건서적'으로 대변되는 감상적인 부류와는 완전히 구별됩니다.

라일 주교는 17세기의 위대한 청교도들이 파 놓은 샘물을 깊이 들이마셨습니다. 그의 저서는 오늘날의 독자가 아주 쉽게 읽을 수 있도록 현대적 형태로 주어진, 참된 청교도 신학의 정수라고 말하는 것이 더 정확할 것입니다.[83]

라일은 누구보다도 청교도에게서 영향을 많이 받았다. 그래서 패커(J. I. Packer)는 "나는 라일을 '청교도 주교'라고 부르길 좋아한다"고 말했다. 이때 청교도란 16세기 영국 국교회에 나타나서 17세기에 절정에 이르렀던 복음주의적 신자의 유형을 가리킨다. 패커는 "이 유형이 라일의 견해로는 … 세상이 보았던 최고 유형의 복음주의자였고, 라일에게 그것은 아주 단순하게 최고 유형의 그리스도인을 의미했다"고 말하면서, "라일은 순수한 형태로 마지막 뛰어난 복음주의자의 대표적 전형이었다"[84]고 덧붙였다. 그는 이 사실이 오늘날 우리에게 주는 교훈을 이렇게 설명했다.

진실은, 어제와 오늘 이른바 복음주의는 청교도주의가 계속되는 것으로 보아야 하지만, 개신교 세계에서 세속화의 압력과 관점에 의해 지적, 문화적, 인문학적, 미학적, 관계적으로 끊임없이 편협해진 것이며, 그 결과 복음주의는 점점 거인보다는 난쟁이를 만들어낸다는 것이다. 청교도 기준에 의해 우리 수준이 측정되고 우리의 부족이 발견되어야 하는 것은, 그 기준이 성경의 기준이기 때문이다. 영국의 복음주의 부흥과 뉴잉글랜드의 대각성 선구자들은 이것을 잘 알았고, 이에 따라서 읽고 생각하고 기도하고 말하고 행동했다. 오늘날 복음주의자들은 대부분 그들 자신의 역사와 멀어져서 그들이 자신들의 이름을 취한 사람들과 비교해서 얼마나 작고, 메마르고, 가볍고, 피상적이고, 어린애 같은지 인식하지 못한다. 이 사실은 현재 더욱 명백한 우리의 결점 중 하나이고, 늘 눈치채지 못하고 가기에 더욱더 그렇다.[85]

라일은 그의 책 『오직 한 길』에서 복음주의 신앙이 무엇인지 분명히 밝혔다.

'복음주의 신앙'이라고 말할 때 나는 이교와 비교되는 것으로서의 기독교를 의미하지 않습니다. 혹은 로마 가톨릭과 비교되는 개신교를 뜻하지도 않으며, 소시누스주의나 자연신교와 비교되는 삼위일체 신앙을 의미하지도 않습니다. … 내가 고찰해 보기 원하는 것은 일반적으로 '복음주의적'이라고 일컫는 잉글랜드 국교회 일파에 속하는 저교회(Low Church)의 특수한 신앙입니다. … 잉글랜드 국교회는 사상적으로 크게 세 파로 이루어져 있습니다. 곧, 고교회파(High Church), 광교회파(Broad Church) 그리고 저교회파(Low Church)입니다.[86]

그러면서 복음주의 신앙의 다섯 가지 특징을 열거했다. 그것은 성경의 절대적 우위성, 인간의 죄성과 타락의 교리가 지닌 깊이와 헌저함, 우리 주 예수 그리스도의 사역과 직임이 갖는 최고의 중요성, 사람의 마음에서 성령의 내적 사역이 갖는 높은 위치, 사람의 삶에서 성령의 외적이며 가시적인 사역이 갖는 중요성 등이다. 그는 이러한 신앙이 "그리스도께서 말씀하여 주신, 그리고 사도들에게 설명하여 주신 복음, 온전한 복음, 오직 복음"[87]이어야 한다고 말했다. 이와 관련해 패커는 이렇게 말했다.

> 복음주의는 과거(복음주의 신앙의 다섯 가지 주요한 특징에 있어서 모두 일치한 16세기 종교개혁자들, 17세기 청교도들, 18세기 부흥의 지도자들)로부터 충분히 발전된 유산으로 우리에게 이르

렀다.⁸⁸

   라일도 이들에게서 특히 청교도에게서 복음주의 신앙을 배웠다. 그의 목회에 가장 큰 도움을 준 이들도 당연히 청교도였다. 그러기에 그의 설교와 목양은 복음주의 목회의 전형으로서 오늘날 우리가 접하고 있다.

# 2

## 생애

### 출생과 성장, 회심

존 찰스 라일은 1816년 5월 10일 잉글랜드 체셔주 매클스필드에서 태어났다. 그곳은 맨체스터와 리버풀이 그리 멀지 않은 곳으로 개신교가 강한 곳이다. 그곳은 청교도주의가 번창했고, 존 웨슬리와 관련된 복음주의 부흥을 경험하기도 했다. 라일의 할아버지의 모친은 1745년 존 웨슬리의 설교를 듣고 회심한 그리스도인이었다. 그래서 라일의 할아버지도 그 모친의 영향을 받아 존 웨슬리의 적극적인 후원자로서 헌신된 복음주의적 신자가 되었다. 라일의 할아버지는 견직공장을 세워 돈을 많이 벌었고, 은행가로서도 성공을 거두었으며, 시장으로 선출되기도 했다. 라일의 아버지는 막대한 재산과 은행을 물려받았다. 그리고 시장과 국회의원을 거쳐 주 장관까지 올랐다. 그러나 부친의 신앙을 이어받지는 못했다.

그 결과 라일은 유복한 생활을 누렸지만, 영적인 신앙은 조금도 접하지 못하고 자랐다. 그의 가족은 명목상 그리스도인으로서 영국 국교회에 속한 그리스도교회에 출석했다. 라일은 이 교회에서 세례를 받았다. 그러나 그곳에서 어린 시절과 소년 시절 자신의 영혼에 유익을 준 단 하나의 설교도 듣지 못했다.

1824년 8월, 라일은 영국 국교회의 한 교구 목사가 운영하는 사립 초등학교에 들어갔다. 집에서 떠나 있던 3년 반의 기간은 행복하지 않았다. 그러나 그곳에서 라틴어와 그리스어 기초를 잘 닦을 수 있었다. 1828년 1월, 라일은 이튼컬리지에 들어갔다. 그는 교사인 에드워드 크레이븐 호트리의 기숙사를 배정받았고, 그의 지도 하에 그리스와 라틴 고전 외에 프랑스어, 역사, 영문학 등을 공부했다. 또 호트리는 라일이 옥스퍼드를 준비하는 데 크게 도움을 주었다. 라일은 이튼에서 초기에 적응하느라 힘든 시기를 보냈다. 그러나 꾸준한 학문적 진전을 이루어 마지막 2년은 두각을 나타냈다. 더불어 열한 명의 크리켓 선수에 뽑혔고, 이듬해 팀 주장이 되었다.

이튼에서 6학년 때 호트리의 격려로 뉴캐슬 장학금 시험에 응시했다. 그 시험은 영국 국교회의 39개 신조에 대한 것이었다. 시험을 준비하는 과정에서 라일은 처음으로 기독교 교리를 접했다. 이와 관련해 에릭 러셀은, 라일이 그의 책 『오직 한 길』에서 "내가 이제까지 얻은 어떤 명확한 교리적 견해의 시초는 뉴캐슬 장학금을 위해 그 신조를 읽은 것"[89]이라고 말한 것을 지적한다.

    1834년 여름 라일은 이튼을 졸업하고, 그해 10월 옥스퍼드 크라이스트처치에 들어갔다. 그는 부와 직함에 아부하고, 사회성과 공감이 결여된 재학생들의 분위기가 싫었다. 그러나 2, 3학년 때 개인 교수로서 조지 헨리 리들을 만난 것은 행운이었다. 라일은 그에게서 신약성경을 헬라어 본문으로 연구하는 것의 중요성을 배웠다. 라일은 신앙에는 비교적 무관심했으나, 성적 때문에 신학과 관련된 여러 과목을 공부했다. 그는 3학년 말에 고전학에서 아주 뛰어난 1등급을 받음으로써 대학에서 가르칠 수 있는 길이 열렸다. 그러나 당시에 자신의 미래가 학계보다는 정계에 있다고 믿었다. 라일은 대학 3년간 크리켓 선수로 뛰었고 2, 3학년 때는 팀 주장을 맡았다.

    라일은 옥스퍼드에서 마지막 해에 회심했다. 라일은 자신의 회심이 갑작스러운 변화라기보다 점진적인 과정이었다고 말한다. 이튼을 떠난 지 1년쯤 되었을 때, 라일은 이튼 시절부터 친구인 알저넌 쿠트에게서 욕하지 말라는 책망을 듣는데, 이 일로 처음 자신의 죄성에 대해 생각하게 되었다.

매클스필드에 새로 생긴 영국 국교회 소속의 세인트조지교회에 1834년 존 버넷이 부임했다. 그는 이 지역에 있던 영국 국교회에 새로운 복음적 신앙을 도입했다. 그 결과 휴일이면 가족과 함께 이 교회에 출석하던 라일도 이전과 달리 신앙에 대해 생각하기 시작했다. 특히 사촌 해리 아크라이트와 그의 누이 수잔이 이 교회에서 회심한 일은 라일에게 깊은 인상을 남겼다. 1837년 이른 여름 옥스퍼드에서 마지막 시험을 앞둔 라일은 흉부염증으로 며칠간 누워 있어야 했다. 그때 처음으로 성경을 읽고 기도하기 시작했다.

이 무렵 어느 주일 오후, 옥스퍼드에 있는 카르팩스교회(공식으로는 성마틴교회로 알려진)에 참석했다. 거기서 그는 제2일과(신약 읽기)를 들었는데, 읽던 사람은 에베소서 2장 8절에 이르러서는 한 마디씩 좀 길게 끊어 가며 읽었다. "그 은혜에 의하여, 믿음으로 말미암아, 구원을 받았으니, 이것은 너희에게서 난 것이 아니요, 하나님의 선물이라." 이 말씀은 라일의 회심에 결정적인 영향을 주었다. 이때부터 그해 크리스마스까지 라일 인생의 전환기였다. 1837년 라일이 옥스퍼드를 졸업하기 전 그의 집은 매클스필드 파크하우스에서 시 외곽에 있는 헨버리 저택으로 이사했다.

## 소명과 초기 사역

라일은 옥스퍼드를 떠난 지 1년이 안 되어 법을 공부하려고 런던 링컨스 인에 들어갔다. 의원직을 얻기 위해 수입이 있는 변호사가 되어야겠다고 생각한 것이다. 그런데 법 공부를 한 지 6개월 만에 포기해야 했다. 옥스퍼드 시절 앓은 흉부염증이 재발했기 때문이다. 런던에서 돌아온 그는 아버지 은행에서 일했다. 그러면서 주 치안판사와 의용군 대장으로 봉사했다. 또 대중 연사로서 종교적이거나 정치적인 모임에서 강연하기 시작했다.

이 시기에 라일은 신앙 때문에 아주 힘든 시련을 겪었다. 가족이나 친척과의 관계가 불편하고 소원해졌기 때문이다. 그가 할 수 있는 일은 가정부 방에서 가정부와 하녀에게 기도서를 읽어주거나, 이따금 환자나 죽어가는 사람을 심방하는 것뿐이었다. 이런 가운데 라일은 그리스도인 친구들을 알게 되고 그들에게 큰 도움을 받았다. 라일은 후에 이 시기를 회고하며 이렇게 말했다.

> 나는 체험의 학교를 통과하면서, 후에 내게 아주 쓸모 있는 많은 것을 훈련하고 많은 것을 배웠다. 나는 지금 종종 생각하기를, 그 시기에 내 주된 결점은 내 일상의 영적 갈등과 어려움에 너무 많이 둘러싸여 있었다는 것이다. 나는 다른 사람의 영

혼에 적극적으로 쓸모 있는 일들을 충분히 목표로 삼지 않았다. … 하나님께서는 내 인생의 그 시기를 적극적으로 활동하는 시기가 아닌, 참고 배우는 시간으로 의도하신 것 같이 보인다.[90]

1841년 6월, 라일의 삶은 모든 것이 변했다. 부친이 경영하던 은행이 파산한 것이다. 그의 가족은 모든 것을 잃고 흩어져야 했다. 라일은 누이와 함께 헨버리 저택을 떠나 뉴 포레스트에 있는 손힐 대령의 집으로 갔다. 이후로 그는 헨버리 저택을 떠나던 때의 수치를 기억하지 않은 날이 단 하루도 없었다. 라일은 헨버리 저택에 남아 아버지의 마무리 작업을 돕던 일을 이렇게 기록했다.

이 일에는 6주가 걸렸는데, 아마도 내 평생 가장 괴롭고 비참한 6주였을 것이다. 한여름의 아름다움이 절정에 달했지만 내게는 모든 것이 무덤처럼 적막하고 고요하게만 느껴졌다. 이제 떠나면 다시 돌아오지 못하리라는 참담한 느낌이 아침에도, 정오에도, 저녁에도 나를 짓눌렀다. 자꾸 떠오르는 추억을 추스르기가 무엇보다 힘들었다. … 장차 어찌 될지, 어디서 살지, 무엇을 할지 모르는 채 나는 아버지 집을 떠났다. … 모든 것을 잃고 세상 앞에 선 스물다섯 살짜리 장남은 자기 인생의 미래 전체가

뒤집혀 엉망이 된 것을 보았다. 요컨대 내가 그리스도인이 아니었으면 자살했을지도 모르겠다."[91]

라일은 이 고통에서 쉽게 헤어 나오지 못했다. 그는 자서전에서, 이 일로 때때로 거의 자살할 것 같은 깊은 우울증에 시달렸던 날들을 언급한다. 그러나 이런 가운데서도 주님을 믿었기에 모든 일은 최선을 위한 것임을 조금도 의심하지 않았다.

부친의 파산으로 의원직을 얻으려던 라일의 꿈은 꺾이고 말았다. 당시 수입이 필요했던 라일이 선택할 수 있는 것은 영국 국교회의 목사가 되는 것뿐이었다. 그는 이렇게 말했다. "내가 목사가 된 것은 목사가 되도록 강했다고 느꼈기 때문이며, 내게 다른 길이 열리지 않은 것을 보았기 때문이다."[92] 이런 가운데 뜻밖에도 라일은 뉴 포레스트 폴리의 교구목사 윌리엄 깁슨에게서 부목사 청빙을 받았다. 라일은 1841년 12월에 윈체스터 주교에게 안수를 받고, 부목사(curate)로서 인구 400명 가량의 엑스베리(Exbury) 지역에 있는 성캐서린교회를 맡았다. 이때부터 그는 매우 열심히 일했다. 주일에 두 번 설교하고, 수요일과 목요일 밤 가정 모임에서 즉석으로 강해강좌를 하고, 매주 60가정 정도 심방하고, 주일학교를 가르치며 감독했다. 그 결과 교회는 주일에 자리가 곧 찼다. 그러나 건강이 나빠져 1843년 11월 교회를 사임했다.

라일은 그해 12월 초 윈체스터(Winchester) 주교의 제안으로 교구민 3천 명인 성토마스교회 교구목사(rector)로 부임했다. 그곳에서 그는 불같은 열정으로 설교해 화제가 되었고, 600명을 수용할 수 있는 예배당은 단시간에 가득 찼다. 또 주중 성경공부 그룹을 유아학교에서 시작했고, 가가호호 심방했으며, 여성 심방자들의 모임을 감독했다. 이렇게 5개월이 지났을 때, 그는 대법관 린드허스트 경의 편지를 받고, 잉글랜드 동부 서퍽(Suffolk)의 헬밍엄(Helmingham)에 있는 성메리교회로 자리를 옮겼다.

## 헬밍엄과 문서 사역

헬밍엄은 300명 정도 되는 작은 시골 교구였다. 그런데 연봉은 윈체스터보다 다섯 배나 많았다. 이것은 재정적으로 독립할 수 있고 결혼도 고려할 수 있는 연봉이었다. 라일은 이런 이유로 헬밍엄 택한 것을 두고 수년간 자신의 믿음 부족을 괴로워했다.

헬밍엄에 부임한 라일은 1845년 10월 29일 마틸다와 결혼했다. 마틸다는 첫아이 출산 후 건강이 나빠져, 1848년 6월 25일 폐혈관 손상으로 세상을 떠났다. 그는 어린 딸을 처가에 맡기고 한 달에 한 번씩 가서 보곤 했다. 그는 텅 빈 사제관의 삶에 대해 이렇게 말했다. "정말이지 외롭고 삭막하고 비참했다. 모든 것이 잘못되고 있는 듯한 느낌, 손대는 일마다 틀림없이 실패할 것 같은 느낌이 종종 들었다."[93] 라일은 1850년 2월 21일 제시와 재혼했다. 그러나 6개월도 지나지 않아 제시의 건강이 나빠져 1860년 5월 19일 세상을 떠날 때까지 계속 아팠다. 제시는 브라이트 병이라는 신장기능 이상 질환을 앓았다. 결국 어린 자녀 다섯을 홀로 돌봐야 했던 라일은 당시의 상황을 이렇게 말한다.

> 내가 통과해야 했던 적어도 내 아내가 죽기 전 5년간 몸과 마음이 얼마나 지치고 비탄하고 염려스러웠는지 헤아릴 사람은 거의 없을 것이다. … 휴일에 쉼과 휴양을 가져본 적이 결코 없다. 저녁에 사내아이 세 명과 놀아주는 일은 전적으로 내 몫이었다. 사실 모든 상황이 내 심신을 짓눌렀고, 내가 이 상황을 헤쳐 나갈 수 있을지 종종 의심이 들었다.[94]

이처럼 라일에게는 두 번째 아내와 함께한 1850년대가 가장 힘든 시기 중 하나였다. 그럼에도 주일에 예배를 두 번 집례했고, 주중 기도회를 인도했으며, 결혼식과 장례식을 주관했다. 이 시기에 그는 자신의 독자적인 설교 스타일을 발전시켜 나갔다. 그러면서 150석의 성메리교회는 차고 넘치게 되었다.

작은 시골 교구를 맡은 라일은 어느 때보다 책을 읽고 연구할 시간이 많았다. 서퍽이 속한 잉글랜드 동부는 종교개혁자와 청교도의 유산을 간직한 곳이다. 그래서 책을 통해 영국의 종교개혁자와 친숙해졌으며 청교도를 알게 되었다. 러셀은 이 시기의 라일에 대해 이렇게 말한다. "그는 종교개혁자들의 작품에 열심인 독자였다. … 종교개혁자들에 관한 그의 연구는 그가 결코 떠나지 않은 개신교 교리의 위대한 원리 가운데 그를 세워주었다."[95] 특히 라일이 가까이 한 것은 청교도 서적이었다. 그는 자신을 가리켜 "청교도 신학을 전적으로 사랑하는 서퍽의 목회자"[96]라고 말할 정도였다. 이와 함께 라일은 글쓰기를 시작했다. 1844년 헬밍엄에서 사역을 시작할 때부터 소책자를 쓰기 시작했다. 그곳에서 그는 80권쯤 되는 소책자를 썼다. 1849년에 『신령한 노래』라는 첫 번째 찬송가집을 발간하고, 1854년에는 첫 책 『주교, 목사, 설교자』를 출간했다. 이 책은 휴 라티머, 리처드 백스터, 조지 윗필드를 다룬 것이다. 또 『마태복음』(1856년)을 시작으로 『마가복음』(1857년)과 두 권짜리 『누가복음』(1858-1859년)으로 이어지는 '사복음서 강해' 시리즈를 출간했다. 그는 많은 시련 속에서도 이 일을 감당했다. 그 결과 1850년대 말에 이르러, 대중적인 설교자와 저자로서 복음주의 내의 지도자로 인정받기 시작했다.

한편 1846년 7월 라일의 후원자인 조지나 톨메이크 부인이 갑자기 세상을 떠났다. 이 일로 헬밍엄의 대지주인 그녀의 남편 존 톨메이크가 라일을 대하는 태도가 달라졌다. 그러다 제시가 세상을 떠나기 3년 전 톨메이크와의 관계는 단절되고 말았다. 이 무렵 라일은 기회가 되면 그곳을 떠나기로 결심했다.

## 스트래드브로크와 신학 논쟁

이런 가운데 라일은 노리치 주교 존 펠럼의 편지를 받고, 1861년 9월 스트래드브로크(Stradbroke)에 있는 올세인츠교회의 교구목사(vicar)가 되었다. 스트래드브로크는 헬밍엄에서 북쪽으로 약 24킬로미터 떨어진 곳이다. 인구는 1,400명가량 되는 서펙에서 가장 큰 마을이었다. 이곳에서 라일의 연봉은 헬밍엄의 두 배로 천 파운드가 넘었다. 그래서 라일은 자신을 보조할 목사보를 둘 수 있었다. 그해 10월 라일은 헨리에타 클로스와 결혼했다.

스트래드브로크에서 라일은 다른 곳에서처럼 사역했다. 주일에 두 번 설교했고, 주중 모임을 열었다. 겨울에는 장소를 옮겨가며 3

주씩 연속으로 오두막에서 모였으며, 여름에는 옥외 집회로 모였다. 또 정기적으로 심방했고, 주일학교를 감독했다. 이곳에서 라일은 학교 건물을 새로 짓고, 교회 건물을 보수하는 일을 했다. 이 시기에 목사보의 도움으로 교구 밖에서 설교하거나 책을 쓸 시간을 더 얻을 수 있었다. 그 결과 그의 주요 저술이 이 시기에 완성되었다. 1865년에 '사복음서 강해' 시리즈 중 『요한복음』 첫 권이 출간되고, 이어서 제2권(1869년)과 제3권(1873년)이 출간되었다. 1868년에는 『지난 세기의 기독교 지도자들』이 출간되었다. 이것은 《가정의 보화》라는 월간지에 웨슬리를 포함해 18세기 부흥을 일으킨 복음주의 지도자 열 명에 대해 연재한 글에다가 윗필드에 대한 글을 추가한 것이다. 같은 해 『주교, 목사, 설교자』를 개정 증보한 『과거의 주교와 성직자들』이 출간되었다. 여기에는 서펵의 청교도 새뮤얼 워드와 윌리엄 거널에 대한 내용이 포함되었다. 그리고 이 책은 내용이 다시 추가되어 1890년 『옛 시대의 빛』으로 출간된다. 이처럼 라일은 교회사의 중요성을 잘 알았다. 가티스는 이렇게 말한다.

> 라일은 언제나 교회 역사에 대해 탁월한 학생이었다. 우리는 일부 목사들조차 사람들이 자신의 영적 가계에 대한 역사에 관

심 갖지 못하게 하는 이상하게도 자기중심적인 시대에 살고 있다. 마치 우리가 실제로 셈에 넣는 유일한 세대이거나 하나님의 말씀이 우리와 함께 생긴 것처럼! 그러나 라일은 자신과 그의 세대를 성경을 올바르게 읽은 첫 번째 경우로 보지 않았다. 그는 과거 연구의 가치를 알았으며, 성경 연구 외에 모든 연구를 모욕하는 반지성적인 근본주의자의 유형은 아니었다. 그는 말하기를, "나 자신으로서는 내 주님의 일과 사람들 가운데 그리스도의 사역에 빛을 던져준다고 공언하는 것은 손에 넣을 수 있는 전부를 읽었다고 말할 수 있을 뿐이다"라고 했다. 그것이 크랜머, 라티머, 백스터, 로드, 윗필드, 허비 등과 같은 사람에 대한 그의 역사적 연구가 오늘날 복음주의자들에게 매우 타당하고 유의미한 것으로 남아 있는 이유다.[97]

그래서 머레이는 라일이 "자신처럼 다른 그리스도인들도 역사적 유산을 받아 누리도록 돕는 것을 평생 사역의 일부로 삼았다"[98]고 말한다.

1874년 라일은 대표작으로 인정받는 『오직 한 길』을 출간했다. 이 책은 당시 의식주의(Ritualism)의 영향력이 증대되는 가운데 논쟁이 되는 문제를 복음주의적 입장에서 다루었다. 또 1877년에는

『거룩』이 출간되었다. 이 책은 1875년부터 시작된 케직 사경회로 대표되는 '더 높은 수준의 삶 운동'(Higher Life Movement)을 비판한 데서 비롯되었다. 라일이 이렇게 성경적 성화를 강조한 것은 청교도의 영향이 크다고 할 수 있다. 실제로 이 책에서 라일이 인용한 내용은 대부분 청교도 저자들에게서 온 것이다. 로저스는 "라일의 영성은 청교도라는 주형에서 주조되었고, 이 사실이 『거룩』에서보다 더 분명한 곳은 없다"[99]고 말한다. 같은 해 구원에 필수적인 교리를 체계적으로 다룬 『옛 길』도 출간되었다. 그리고 1878년에는 『믿음으로 살라』(Practical Religion)가 출간되었다. 이처럼 스트래드브로크에서 라일은 주요 신학 논쟁에 참여했고 관련된 책을 출간했다. 이 과정에서 복음주의권을 이끄는 지도자로 부상했다.

1870년 노리치 주교는 라일을 25개 교구를 감독하는 혹슨의 지방 부감독으로 임명했다. 그리고 2년 후 다시 라일을 노리치 성당 캐논으로 임명했다. 라일은 1873년과 1874년 케임브리지대학에서 설교했고, 1874년부터 1880년까지 적어도 다섯 차례 옥스퍼드대학에서 설교했다. 1880년 2월 21일에는 자신을 솔즈베리대성당 주임사제로 임명하겠다는 수상의 제안을 받고 마지못해 승낙했다. 그러나 4월 16일, 수상을 만나러 오라는 전보를 받는다. 2월 총선에서 패한 수상이 물러나기 전 리버풀 주교를 임명하려고 한 것이다. 이로 인해 라일의 진로는 예상치 못하게 바뀌게 되었다.

## 리버풀 주교

1880년 7월 1일, 라일은 리버풀의 초대 주교가 되었다. 당시 리버풀은 대영제국 최대의 항구이자 제2의 도시로서 주교 관구의 인구가 거의 110만 명에 달했다. 또 해상 무역으로 엄청난 부와 인구가 유입되어 많은 과제를 안고 있었다. 이런 상황에서 라일은 자신의 우선적인 임무가 복음 설교라고 생각했다. 이를 위해 대성당이 아닌 더 많은 교회와 사역자가 필요하다고 판단했다. 그래서 그의 재임 기간 동안 교회 44개와 선교관 85개가 건축되고, 기존 교회의 시설도 확장되었다. 성직자도 275명에서 431명으로 증가했고, 평신도 사역자도 증가했다. 그 결과 라일이 주교로 임명되기 전 감소해 오던 교회 출석자는 증가로 돌아섰다. 이 현상은 그의 재임 첫 10년간 두드러졌으며, 비국교도 교파들과 비교할 때도 주목할 만했다. 특히 라일은 어린이에게 베푼 견진 예식과 주일학교 출석자의 증가를 가장 긍정적인 발전의 하나로 보았다.

라일은 매주 화요일 오전에 주교 관구 사무실에서 성직자들을 만나 교구 일에 관해 의논하고 조언했으며, 연례 회의를 통해 주교

관구 내의 성직자들과 평신도 대표자들을 만났다. 그는 주교 관구 전 지역에서 설교해 달라는 초청을 받았다. 설교가 없을 때는 가족과 함께 성너새니얼교회에서 예배드렸다. 이 교회는 노동자가 대부분이었고, 복음주의자인 리처드 홉슨이 교구 목사로 있었다. 주교 공관 가까이에 성캐서린교회가 있었지만, 라일은 그곳의 의식적인 예배를 좋아하지 않았다.

이 시기에 라일은 교회와 관련된 여러 현안을 다루었다. 여기에는 국교제 폐지 운동, 교리적 기독교에 대한 반대, 구약 비평, 의식주의 등이 있다. 이 가운데 톡스테스의 성마가렛교회 담임교역자였던 제임스 벨 콕스로 인해 논란이 된 의식주의는 라일이 특히 관심을 기울인 문제였다.

1900년 3월 1일, 라일은 주교직을 사임하고 딸 이사벨과 함께 로스토프트로 갔다. 그리고 그곳에서 세상을 떠났다. 그의 유해는 1889년 4월 6일 세상을 떠난 아내 헨리에타 라일과 함께 차일드월 올세인츠교회 묘지에 안장되었다.

# 3

## 설교

### 교리에 대한 강조

1881년 라일은 교회가 처한 위험을 이런 말로 설명했다.

> 내가 두려워하는 것은 모든 그리스도의 교회에서 발생하여 점차 전 세계로 확산 중인 것으로 보이는 내부적 질병입니다. 이 질병은 목회자 편에서 확실한 교리를 피하려는 경향이며, 성도들의 입장에서 교리적 진리에 대한 분명한 진술을 싫어한다는 것입니다.[100]

또 그는 이렇게 말하기도 했다. "설교에서 분명한 소리의 부재,

선명하고 잘 정의된 교리의 결핍은 오늘날의 가장 나쁘고 가장 위험한 증상 중 하나다."[101] 그러면서 이 질병에 대해 "한 가지 공통적 징후, 즉 뿌리 없는 기독교의 열매 및 교리 없는 도덕성을 위한 병적이고 무분별한 집착과 갈망"[102]을 언급했다. 또 그는 이러한 기독교를 "해파리(뼈나 근육이 없는 또는 능력을 상실한) 기독교"[103]라고 불렀다. 그는 교회 역사에 기초해 이렇게 말했다.

> 사도 시대 때 이교 신전을 비우고 그리스와 로마를 뒤흔든 것은 바로 '도그마'였습니다. 종교개혁 시대에 기독교계를 잠에서 깨우고 교황숭배자 3분의 1을 빼앗은 것도 '도그마'였습니다. 윗필드와 웨슬리와 벤과 로메인 시대에 영국 국교회를 부흥시키고 죽어가던 기독교를 타오르게 한 것도 … '도그마'였습니다. 지금 국내외 모든 선교에 성공의 힘을 공급하는 것도 '도그마'입니다. 여리고의 양각나팔처럼 마귀와 죄의 반대를 무너뜨리는 것은 다름 아닌 교리(분명한 소리를 내는 교리)입니다.[104]

그러기에 그는 이렇게 말할 수 있었다.

> 교리가 없는 기독교는 무기력한 종교입니다. … 그러나 우리

가 선을 행하고 세상을 변화시키고 싶다면 옛 사도들의 무기로 싸워야 하며 '분명한 교리'를 고수해야만 합니다. 교리가 없으면 열매도 없습니다. 분명한 교리가 없으면 복음화도 없습니다.[105]

## 설교 준비

라일은 연속강해설교를 하지 않았다. 로저스는 라일이 설교의 단순성을 위해 모호한 본문이나 어려운 주제를 피하도록 한 것과 관련해 이렇게 말한다. "아마 이것은 라일이 왜 제목별로(topically) 설교했고 연속강해설교 관행을 찬성하지 않았는지 설명해 준다."[106] 머레이도 이 점을 지적한다. "오늘날 많은 설교자와 달리 그는 강해를 설교의 기준으로 삼지 않았고, 대개는 개별적인 본문을 선택했다."[107]

라일은 엑스베리나 윈체스터에서 설교 원고를 완벽하게 쓴 것으로 보인다. 로저스는 "그는 윈체스터에서 기록한 설교문을 대단히 진지하고 활기차게 읽었다"[108]고 말한다. 그러나 러셀은 이런 습관에 변화가 생긴 것을 말해 준다. "그의 목회에서 나중에 그는 동일한 성경적 내용을 유지했고 동일한 복음적 열정으로 설교했지만, 완벽하게 쓴 설교문을 다소 간략한 노트로 줄였고, 좀 더 명료하고 간결하고 설득력 있는 스타일로 설교했다."[109]

라일은 설교 준비의 중요성을 잘 알았다. 그는 효과적인 설교가 쇠퇴하는 원인 중 하나가 다른 업무로 인해 설교 준비에 충분한 시간을 쓰지 못하는 것이라고 보았다. 라일은 설교의 단순성을 말할 때 결론적으로 이렇게 권면했다.

> 당신이 많은 고생을 하지 않는다면 간결한 설교를 할 수 없습니다. … 설교를 준비하면서 많은 시간을 할애해야 하며, 고생을 무릅쓰고 독서에 힘써야 할 것입니다. 그 대신 유용한 책을 골라 읽도록 해야 합니다.[110]

라일의 설교 준비에서 주목할 점은 그가 받은 고전 수사학의 영향이다. 고전 수사학에서 키케로는 연설의 구조를 여섯 부분으로 나누었다. 여기에는 도입, 서술, 구분, 확증, 반박, 결론이 포함된다. 로저스는 "이 모든 요소가 라일이 설교한 거의 모든 설교에서 확인 가능하다"[111]고 말한다. 그러면서 라일이 구분(partition)을 사용한 것에 주목한다. 당시의 설교 이론에서는 구분이 유행에 뒤떨어진 것으로 간주되었기 때문이다. 그러나 라일은 목회 사역 내내 구분을 사용했다. 그가 이렇게 한 데는 중요한 이유가 있다. 로저스의 설명을 들어보자.

고전 수사학자들은 일차적으로 연설자와 그가 그의 연설을 생각해내도록 도울 수 있는 기법에 초점을 맞추는 경향이 있다. 그러나 라일의 초점은 일차적으로 청중과 그들이 그의 설교를 생각해내도록 돕기 위해 쓸 수 있는 기법에 맞춘다. 이러한 기법 중 하나가 구분의 사용이다. 그가 연설에서 유행에 뒤떨어진 이 부분의 사용을 옹호한 것은, 바로 그것이 청중으로 하여금 그의 설교를 기억하도록 돕기 때문이다.[112]

그래서 라일 자신도 설교에서의 단순성을 설명하는 가운데 이렇게 말했다.

'첫째, 둘째, 셋째' 등으로 구분하건 혹은 겉으로 드러나게 구분하건 드러내지 않고 감추건 간에, 당신이 말하고자 하는 생각을 마치 사열하는 병사들처럼 논리정연하게 나타내야 합니다. 제 경우 분류하지 않고 설교한 적은 거의 없었습니다. 제 생각에 무엇보다 가장 중요한 것은 사람들로 하여금 설교를 제대로 이해하고 기억하여 그대로 실천하게 하는 것인데, 구분하여 설교하는 것이 그런 때에 상당한 도움이 될 것이라고 믿습니다. … 만약 당신이 스펄전 목사의 설교를 읽는다면 그가 대단히 명백하게 내용을 구분하고 각 단락을 아름답고도 간결한 생각으로 채우는 것에 주목해야 할 것입니다. 그의 생각을 이해하는 것은 조금도 어렵지 않습니다. 그는 중요한 진리들을 아주 철저하고 명확하게 전달하기에 그의 설교는 한 번 들으면 결코 잊혀지지 않습니다.[113]

**러셀도 이 점을 라일 설교의 중요한 특징으로 언급한다.**

그는 설교에 대한 요구 중 하나는 하나님의 메시지를 분명하고 질서 있는 방식으로 제시하는 것이라고 믿었다. 그의 설교와 강연에 대한 연구는, 그가 그것을 준비하는 데 크게 주의했으며 생각을 해체해서 기억에 집중하도록 구분과 항목을 언제나 충분히 사용했다는 것을 보여준다. 이 점에서 그는 존 번연과 다른 청교도 저자들에게 영향을 받았다. 그는 항목들이 그의 설교 방향을 제시하고, 그의 청중이 따라오기 쉽게 만들어주며, 그가 간략한 노트에 의존할 수 있게 해준다는 것을 발견했다.[114]

**따라서 라일은 설교 준비에 대해 이렇게 조언한다.**

… 만약 당신이 간결한 설교를 하기 원한다면 말하려는 주제를 철저히 이해하고 있어야 하며, 또 당신이 그 주제에 대한 이해 여부를 확인해 보려면 그것을 몇 대목으로 구분해서 정리해 보면 될 것입니다. 저 자신의 경우 목회를 시작한 이래 줄곧 이 작업을 해왔습니다. 지난 45년 동안 설교를 준비할 때마다 공책에 성경 본문과 설교 제목을 적어두고는 필요할 때마다 참고할 수 있도록 해왔습니다. 그래서 언제라도 설교를 위해 성경 본문을 하나 고를 때마다, 그 공책을 샅샅이 뒤져서 그 본문에 대한 일련의 주석을 삼을 수 있게 되었습니다. 그리고 만약 그런 작업을 할 수 없는 성경 본문의 경우에는 설교하지 않았습니다. 왜냐하면 그런 본문에 대해서는 간결하게 설교할 수가 없으며, 그렇다면 설교하지 않는 것이 낫습니다.[115]

이와 함께 라일은 설교 준비에서 주석이 주는 유익과 그 한계를 이렇게 말했다.

나는 그것들 가운데 아무것도 무조건 신뢰하지 않는다. 나는 어느 것에서도 완벽함을 발견하리라고 기대하지 않는다. 그것은 좋은 도움을 주지만 무오하지는 않다. 그것은 유용한 보조물이지만 구름기둥과 불기둥은 아니다. 나는 젊은 독자들에게 그것을 기억하라고 충고한다. 기도하며 부지런히 당신의 판단력을 사용하라. 주석을 활용하지만 어느 것에도 노예가 되지 말라. 어떤 사람도 주인이라 부르지 말라.[116]

## 설교 전달

### ① 단순성

라일은 설교가 목회자의 우선적인 임무임을 잘 알았다.[117] 라일도 처음부터 효과적인 설교를 한 것은 아니다. 그는 50세가 넘어서야 설교를 배웠다고 말했다. 라일은 1841년 엑스베리에서 시작해 1880년 리버풀 주교가 되기까지 40년 가까이 시골에서 사역했다. 이 시기에 그는 시골 회중을 이해시켜야 하는 과제를 안게 되었다. 그래서 설교 전달은 그의 주요 관심사였다. 그가 엑스베리에서 사역을 시작했을 때 주일 예배는 사람들로 곧 가득 채워졌다. 이 주된 원인은 그가 목회적 심방에 헌신했기 때문이다. 러셀은 이렇게 기록한다. "엑스베리에서 사람들은 라일의 돌보는 사역에 감사했고, 주일에 교회는 사람들로 곧 채워졌다."[118] 이 시기에 라일의 설교는 아무도 가르쳐주지 않는 상황에서 실험의 연속이었다. 그는 처음에 세인트폴대성당 캐논이었던 헨리 멜빌의 웅변적인 전달 방식을 흉내 내려고 노력했다. 그러나 곧 자신의 문제를 알게 되었다. 그는 자신이 깨달은 것을 이렇게 말했다.

> 나는 내 회중 가운데 있는 시골 사람들에게 아무런 선도 행하고 있지 않다고 느꼈다. 나는 그들의 머리에 퍼붓고 있었다. 그들은 내가 대단하게 여겨 모방한 멜빌의 스타일을 이해할 수 없었다. 그래서 나는 내 스타일을 십자가에 못 박고 그것을 현재의 모습으로 가져오는 것이 내 분명한 의무라고 생각했다.[119]

그는 당시 노동자와 농민이 대부분이던 회중의 주의를 끌기 위해 겪은 어려움을 이렇게 말했다.

> 원고를 작성하고 설교하는 데 있어서, 8월의 무더운 날 오후에 농부들 앞에서보다는 옥스퍼드나 케임브리지 대학의 학생들 앞에서, 혹은 의사당이나 웨스트민스터 사원에서, 아니면 런던의 법률가 모임에서 설교하는 것이 더 낫다고 말씀드릴 수 있습니다. 어느 노동자가 자기는 일주일 가운데서 주일이 가장 즐겁다며 이렇게 말하는 것을 들었습니다. "왜냐하면 예배당에 와

서 다리를 올려놓고 편안하게 앉아 아무 생각도 할 필요 없이 즐기만 하면 되니까!"[120]

윈체스터에서 라일의 설교가 사람들의 관심을 끈 것은 분명하다. 그의 설교는 단시간에 예배당을 사람들로 가득 채운 주요 요인이 되었다. 그러나 그의 설교는 "여전히 훗날 그가 배운 설교 스타일에 비하면 '훨씬 더 현란하고 훨씬 덜 단순하고 직접적이었다.'"[121] 라일은 당시의 설교를 이렇게 평하기도 했다.

> [그때 설교에는] 지금 볼 때 가치 있는 실례나 내용이나 깊은 생각이 없었다. 그럼에도 불같은 열정이 상당히 느껴지는 잘 짜인 설교, 철저히 복음적인 설교로서, 당시에는 아주 훌륭하고 인상적으로 들렸으리라 믿지만 지금 그런 설교를 하고 싶지는 않다.[122]

이런 과정을 거쳐 라일은 헬밍엄에서 비로소 자신만의 스타일을 찾았다. 그는 이튼과 옥스퍼드 시절 아리스토텔레스와 키케로가 쓴 수사학에 관한 책을 읽었다. 그로 인해 라일의 설교에는 고전적인 수사학의 영향이 나타난다.[123] 그런데 라일은 시골의 회중이 키케로의 장식이 있는 스타일을 이해하지 못한다는 사실을 발견했다. 그래서 그런 스타일을 버리고 단순한 스타일을 택했다. 여기에 대해 로저스는 이렇게 말한다.

> 라일의 독특한 설교 스타일은 십자가에 못 박힌 스타일(the crucified style)로 묘사되었다. … 스타일은 키케로가 말한 수사학의 다섯 가지 규범 중 세 번째인데, 라일은 확실히 그것을 십자가에 못 박았고, 키케로의 장식이 있는 스타일 대신 더 단순하고 더 직접적인 접근을 택했다.[124]

이 결과 라일은 시골 회중의 관심을 끌기 시작했고, 설교자로서 명성을 얻기 시작했다. 라일은 설교에서 단순성을 이런 말로 강조한다. "설교에서 간결성을 견지하는 것이야말로 다른 영혼에게 유익을 끼치고자 하는 모든 목사에게 가장 중요한 것임을 기억해야 합니다."[125] 그가 말하는 단순성은 다섯 가지로 요약된다. 첫째는 설교의 주제를 분명하게 인지하라는 것이다. 이것은 설교자가 분명히 이해하는 본문이나 주제를 택하라는 의미다. 둘째는 쉬운 말을 사용하라는 것이다. 쉬운 말은 사람들이 일상적으로 사용하는 말을 가리킨다. 셋째는 간결한 문체를 유지하라는 것이다. 설교자는 독자가 아닌 청중을 상대하는 것이기에 긴 문장을 사용해서는 안 된다는 것이다. 이 점은 라일의 설교에서 두드러진 점인데, 러셀은 이렇게 말한다. "그는 위엄 있는 풍채와 진지한 태도를 지녔고, 알기 쉽고 단순한 영어로 말했다. 그는 길고 복잡한 문장을 피했다. 그의 짧고 간결한 말씨는 오래도록 기억되었다."[126] 로저스의 분석에 따르면, 라일의 문장은 스펄전의 문장보다도 1.6배 짧았다.[127] 넷째는 직접적인 어투를 사용하라는 것이다. 설교자는 '우리' 대신 '나'와 '여러분'을 사용해야 한다는 것이다. 다섯째는 경험담과 예화를 사용하라는 것이다. 이것은 설교를 이해하기 쉽게 만들려는 것이다. 헬밍엄을 방문한 한 사람이 이렇게 말했다고 한다. "라일 씨는 논객이라기보다 웅변가이자 수사학자다. … 그는 유능한 수사학자이고, 놀라운 예증의 힘이 있다. 이것으로 그는 가장 성공적으로 일하면서 나아간다."[128] 라일은 예화 사용에서 예수님의 모범을 따라야 한다고 말하면서 이렇게 말했다.

> 인기 있는 설교를 살펴보면 재미있는 예화로 차 있음을 알게 됩니다. 라티머 주교의 설교를 읽어보십시오. 그 외에도 브룩스(Brooks), 왓슨(Watson), 스윈녹(Swinnock) 등 청교도의 설교를 읽어보십시오. 묘사, 비유, 예화, 전기 등 얼마나 풍성한지

모릅니다. 무디(Moody)의 설교를 봅시다. 왜 그의 설교가 인기 있습니까? 그의 설교는 즐거운 이야기로 가득 차 있습니다. 무디는 최고의 이야기꾼입니다. 아라비아 속담처럼 그는 '귀를 눈으로 만드는' 실력자입니다. 나 또한 이야기를 들려주기 위해 노력하고 마치 그들이 눈으로 보듯이 설교하려고 합니다."[129]

그러면서 그는 이렇게 조언했다. "그러므로 가능한 한 예화를 많이 수집하도록 하십시오. 좋은 비유를 잘 찾아내어 많이 기억하고 있는 설교자는 진정 복된 사람입니다."[130] 동시에 그는 자연스럽지 못하거나 과도한 예화 사용을 조심하도록 충고했다.

### ② 진지함과 열정

앞에서 살펴본 대로, 라일은 윈체스터에서 행한 자신의 설교에 대해 미숙한 점이 있지만 "불같은 열정이 상당히 느껴진다"고 말했다. 그는 1887년 설교학회의 한 강의에서 이렇게 말했다. "만약 당신이 고개를 푹 숙이고서, 마치 병 속에 갇힌 벌처럼 지루하고 졸린 목소리로 원고를 읽어나간다면, 그래서 청중이 당신 말을 알아듣지 못한다면, 당신의 설교는 헛수고입니다."[131] 또 주교직을 사임할 때도 목회자들에게 이렇게 당부했다. "[사람들은] 지루하고 따분한 설교에 만족하지 못합니다. 전도구뿐 아니라 강단에서도 생명과 빛과 불과 사랑을 보고 싶어합니다. 그것을 충분히 주십시오."[132]

1858년 헬밍엄에서 예배에 참석한 한 프리랜서 저널리스트는 라일의 설교에 대해 이렇게 기록했다.

그 설교는 우리가 접한 가장 긴 설교 중 하나였지만, 설교자 태도의 진지함과 늘 준비된 생각의 풍부함, 단순하지만 설득력 있는 언어와 놀랄 만큼 적절하고 효과적인 예증으로 인해 그 시간은 매우 즐겁게 지나갔다. 적어도 그 시간 동안 지나치게 조리될 푸딩이 없었던 우리는 그가 결론을 지을 때 유감스러울 정도였다.[133]

# 4

## 목양

### 개인기도

라일은 기도의 능력을 믿었다. 그는 이렇게 말했다.

    탁월한 경건의 삶을 산 순교자와 성도들 가운데, 개인기도라고 하는 가장 두드러진 특징이 나타나지 않는 사람이 있으면 말해 보십시오. 이들은 하나같이 기도의 사람들이었습니다. 제 말을 믿으십시오. 기도는 능력입니다. (중략)

    은혜 가운데 자라고 싶습니까? 경건하고 헌신된 그리스도인이 되고 싶습니까? 그렇다면 이렇게 묻지 않을 수 없습니다. "기도합니까?"[134]

그러기에 라일은 효과적인 목회에 있어서 개인기도의 중요성을 강조했다.

> 옛 저자는 사람들이 마르틴 루터와 존 브래드포드(John Bradford)의 개인기도 습관에 대해 많이 말하면서도 그만큼 실천하고 본받지는 않는다고 했습니다. 개인기도는 목회의 힘을 얻는 중대한 비결입니다. 실제로 여기에 목회의 뿌리를 두어야 합니다. 아무리 재능이 출중해도 골방을 주된 처소로 삼지 않는 목회는 조만간 능력 없이 메마르게 됩니다.[135]

## 영혼 구원의 목표

머레이는 라일의 가르침에 대해 "복음 그 자체가 그의 모든 말과 글의 중심에 항상 있었다"고 지적했다. 그런 만큼 라일은 모든 사역의 우선순위를 영혼 구원에 두었다. 그는 이렇게 말했다.

> 복음을 전도하는 목사는 주된 목표가 영혼을 구원하는 데 있다는 것을 항상 기억해야 합니다. 나는 이것을 깨닫지 못하는 목사는 진실한 목사가 아니라고 단정합니다. (중략)

사람들은 목사를 무엇 때문에 보냈다고 생각합니까? 목사는 단순히 성직자의 옷을 입고, 예배를 주관하며, 수많은 설교를 하는 사람입니까? 단순히 편안한 생활과 존경받는 직업을 얻은 것입니까? 단순히 성찬식을 베풀고 결혼식과 장례식을 집행하는 것입니까? 아닙니다. 실제로 그들은 이런 이유로 보내진 것이 아니라, 다른 목적 때문에 보내졌습니다. 인간을 어둠에서 밝은 곳으로, 사단의 힘에서부터 하나님에게로 인도하기 위해 보내졌습니다. 우리는 다가오는 진노에서 인간을 해방하도록 설득하고자 보냄받은 것입니다. 우리는 세상을 섬기는 일에서 하나님을 섬기는 일로 그들을 이끌고자 보냄받은 것입니다. "아무쪼록 몇몇 사람을 구원하고자 함이니"(고전 9:22)라는 말씀같이 그들을 잠에서 깨우고 부주의에서 일으키고자 보내신 것입니다.

정기적으로 예배드리고, 사람들이 참석하도록 그들을 설득한 것으로 모든 것을 다했다고 생각하지 마십시오. 회중이 모두 모이고, 성찬식이 사람들로 꽉 차고, 교구가 넘쳐난다고 해서 모든 것을 다했다고 생각하지 마십시오. 우리는 사람들 사이에서 성령께서 하시는 분명한 역사, 곧 죄에 대한 분명한 인식과 그리스도에 대한 생생하게 살아 있는 믿음, 그리고 분명한 마음의 변화와 세상으로부터 떨어져서 하나님과 더불어 거룩한 길을 걷는 등 이러한 일들을 살펴보고자 합니다. 한마디로 말하면, 영혼이 구원받는 것을 보기 원합니다. 우리가 아주 사소한 어떤 것에 만족하여 살아간다면 우리는 우매한 자요 사기꾼에 불과할 것입니다. 또 우리는 소경을 이끄는 눈먼 인도자일 따름입니다.[136]

라일은 이 영혼 구원의 목표를 이루기 위해 평신도들과 협력했다. 이에 대해 패커는 이렇게 말했다.

> … 복음전도에 대한 그의 기본 전략은 돌발적이기보다 제도적이었다. 규칙적인 주일 강단(주일학교, 견진성사를 위한 준비), 정기적인 가정 심방과 기도, 덧붙여서 성경, 소책자, 좋은(영적으로 도움을 주는) 책들을 혼자 또 가족과 함께 읽기처럼 말이다. 이런 형태의 사역을 이루기 위해 성직자와 함께 일할 평신도들을 모집하는 것은 그에게 불변의 우선 사항이었다. 그 형태 자체는 라일의 시대보다 두 세기 앞서 청교도 리처드 백스터가 키더민스터에서 시작했고, 더 많은 청교도 성직자가 다른 곳에서 시작했던 것과 거의 정확히 일치한다. 복음전도에 있어

서 라일은 그리스도 중심적이었을 뿐 아니라 청교도적인 성격이 있었다.[137]

## 심방과 소책자 배포

라일은 목회 초기부터 심방에 적극적이었다. 엑스베리에서는 적어도 한 달에 한 번 교구 내 모든 가정을 심방하는 것을 목표로 삼았다. 이것은 매주 거의 60가정을 심방해야 가능한 일이었다. 이 점은 윈체스터에서도 다르지 않았다. 여기에 대해 머레이는 이렇게 말한다.

> 엑스베리에서 처음 목회를 시작할 때 그가 한 일은 당시의 평상적 관행과 달랐던 것이 분명하다. 라일을 개인적으로 알고 지낸 익명의 필자는 그의 첫 부임지에 대해 언급하면서 '그가 어떻게 시골집들을 드나들었는지' 이야기했다. '2년간 그곳에 고립되어 지내면서 자신이 맡은 남녀노소 전 교인에 대해 목회자로서 알아야 할 모든 것을 알았다고 할 수 있다.'[138]

엑스베리에서 그랬듯이 그는 개인적인 접촉을 우선시했다.

자신이 감독해야 할 전도구 여성 심방자들의 모임이 이미 운영 중인 것을 알고, 자신이 먼저 '일주일 내내' 개인적으로 바쁘게 심방하는 모범을 보였다. 그것은 당시 성직자들의 일반적 관행과 거리가 먼 행동이었다.[139]

이후로도 라일이 목회적 심방을 결코 소홀히 한 적이 없음은 분명하다. 러셀은 헬밍엄과 스트래드브로크에서 라일이 한 심방에 대해 언급한다.

그의 모든 교구민들은 교회에서부터 1마일 정도 이내에 살았고, 그것은 심방을 더욱 편리하게 해주었다. 그는 스코틀랜드 신학자인 찰머스와 함께 '집으로 가는 교구 목사는 교회로 가는 사람들을 만든다'는 사실을 믿었다.[140]

그는 긴 외줄 단추의 검은 상의와 우뚝한 모자로 된 당시의 전통적인 성직자 복장을 하고 병자와 가난한 자를 포함한 교구민들의 집을 정기적으로 방문했다.[141]

라일이 이렇게 심방을 중요시한 데는 이유가 있다. 그는 당시 목회자들에 대해 문제의식을 갖고 있었다. 그는 이렇게 말한 적이 있다.

> 이른바 목회의 공적 사역에는 과도한 관심을 쏟으면서, 각 개인을 심방하고 영혼을 인격적으로 돌보는 일에는 상대적으로 적은 관심을 보이는 경향이 점점 심해지고 있습니다.[142]

이처럼 라일은 심방을 목회의 필수 요소로 여겼다. 그래서 주교가 된 후에도 설교자들에게 심방을 강조하곤 했다.

리버풀에서 사역한 마지막 목회 기간의 훈령에도 거듭 이 권면이 나온다. 교인들과 함께 난롯가에 앉아 그들의 생각을 들으며 '하나님의 일을 담대하고 신실하게 이야기하는 데' 시간을 쓰라는 것이었다. 강단에서만 그리스도를 전하는 사람은 자기 목회가 유용치 못해도 놀라지 말아야 한다고 그는 믿었다. 교인을 진정으로 사랑하는 설교자는 그들의 집을 찾아가며, 그 일은 공적인 설교를 듣는 교인의 태도에 영향을 미친다는 것이었다. 교회에서만 설교하는 것은 신약성경에 나오는 기독교의 모습이 아니라는 것이었다.[143]

라일은 목회 시작부터 심방하러 가면 소책자 나눠주는 일을 했다. 이것은 당시에 드문 일이었다. 엑스베리에서 그는 신앙 소책자 협회에서 발간한 소책자를 사서 나눠주곤 했다. 이때는 너무 가난해서 거저 주지 못하고 빌려주어야 했다. 그런데 헬밍엄에서 자기가 나눠줄 소책자를 직접 쓰기 시작했다. 평생 200권 이상의 소책자를 출간했고, 그 소책자는 총 1,200만 부 이상 배포되었다. 이 소책자는 신자들에게 영적 도움을 제공하고, 영혼을 그리스도께 인도하는 역할을 했다.[144] 로저스는 라일의 이 소책자 사역에 대해 이렇게 말한다.

> 그는 남은 사역 기간 동안 목회 심방과 함께 소책자 나눠주는 일을 계속 했다. 소책자를 나눠주는 데 따른 목회적 이점은 많았다. 교회에 올 수 없거나 오고 싶어하지 않는 사람들이 읽을 수 있었고, 신자들에게는 안전한 읽을거리가 되었다. 또 필요한 사람들에게 영적 인도를 제공했으며, 가정 안에서 영적 대화를 촉진했다. 목회 심방을 위해 덕을 세우는 대화의 소재로서도 도움이 되었다.[145]

라일의 소책자는 내용이 주로 그의 설교지만, 대중적 사건이나 논쟁적 이슈를 다룬 것도 있었다. 이 가운데 75개의 소책자는 1851년부터 1871년까지 '불편한 진리'(Home Truths) 시리즈 여덟 권으로 출간되었다. 이것은 라일의 신학을 가장 잘 엿볼 수 있는 자료로 간주된다. 이 내용 중 상당 부분이 『오직 한 길』, 『옛길』, 『믿음으로 살라』, 『거룩』 같은 책에 실렸다.

## 주중 강해강좌

라일은 주일에 설교하는 것 외에 주중에 강해강좌라는 것을 열었다. 준비된 설교와 달리 강해강좌는 즉석에서 진행되었다. 엑스베리에서 이 강좌는 수요일과 목요일 밤 오두막 모임에서 있었다. 윈체스터로 옮긴 후 라일은 주중 강해강좌를 유아학교에서 시작했다. 헬밍엄에서도 당시 복음주의적인 교구에서 유행하던 오두막 모임을 통해 주중 강해강좌를 이어갔다. 이 점은 스트래드브로크에서도 마찬가지였다.

라일은 강해강좌를 강해설교와 구분했다. 이와 관련해 머레이는 라일이 말년에 한 말을 소개한다.

오늘날 목회자에게 강해설교의 가치가 계속 강조되는 데는 이유가 없지 않지만 … 모든 좋은 이론과 마찬가지로 개념도 너무 많이 사용하면 확실히 효과가 사라지기 쉽다. 이교도에 가까운 무지한 청중에게는 종종 긴 본문을 자세히 설명하기보다 간결하고 함축적인 본문을 제시하는 편이 더 유익할 때가 있다고 믿는다.[146]

이처럼 라일이 주중 강해강좌를 연 이유는 목회적인 관심 때문이다. 이러한 관심은 그가 『사복음서 강해』를 쓰게 된 동기가 되었다. 머레이는 "주일이나 주중에 가르친 내용이 『사복음서 강해』에 담겼을 것"[147]이라고 말한다. 라일은 이 책의 서문에서 목회적 관심을 이렇게 밝혔다.

솔직히 나는 이 글의 문체나 문장에 퍽 마음을 써서 가능하면 명백하고 예리하게 쓰고자 했으며, 소위 노 신학자들의 '정선되고 내용이 압축된' 말을 택하려 했다. 나 자신이 다른 사람에게 큰 소리로 글을 읽어주고 가능하면 그들의 주의를 끌어야 하는 사람의 입장이 되려고 노력했다. 각 해설을 쓰면서 나는 다양한 계층의 청중에게 연설하고 있으며, 그 시간은 매우 짧다'고 나 자신에게 말했다. 이것을 명심하면서, 과거에 언급되었을 많은 내용을 피하고 일관성 있게 구원에 필요한 사실만 주로 강조하려 했다. 양심을 일깨우고 가책을 느끼게 하기 위해 부차적인 문제는 일부러 지나쳐버렸다. 나는 마음에 막연하고 희미하게 흩어져 있는 많은 양의 진리보다는, 제대로 기억하고 확신하는 몇 가지 요점이 훨씬 더 낫다고 생각한다.[148]

## 찬송[149]

라일은 헬밍엄에서 사역하는 동안 찬송가집 네 권을 발간했다. 1849년에 『신령한 노래』를 처음 발간했고, 1850년과 1858년에 개정판을 냈다. 또 1860년에 『땅 위의 교회를 위한 찬송가』를 발간했다. 이것은 병자를 위한 위로와 신자 개인의 교화를 위한 것이었다. 그는 스트래드브로크에서도 찬송가집을 계속 발간했다. 1872년에는 『특별한 때를 위한 특별한 찬송가』가 나왔다. 1875년에는 『추가된 찬송가집』이 나왔는데, 이것은 공예배를 위한 것이었다. 1876년에는 『땅 위의 교회를 위한 찬송가』 개정판을 냈다.

라일이 이렇게 찬송가집 발간에 힘을 쏟은 것은 목회적 관심 때문이다. 그는 공예배에서 찬송이 갖는 중요성을 이렇게 말했다.

기독교 예배의 본질적인 부분으로서 찬송 부르기와 찬양에 대한 경험이 증가하는 것을 나는 깊이 만족스럽게 여긴다. … 기도와 마찬가지로 증대된 찬양의 정신만큼 '우리의 불행한 분열'을 치유하고, 우리를 '한 마음'으로 만들어줄 것은 아무것도 없는 것 같다.[150]

또 그는 그리스도인의 삶에서 찬송이 주는 유익을 누구보다 잘 알았다. 그는 최고의 영어 찬송가 작시자로 꼽았던 아우구스투스 토플래디에 관한 글에서 이렇게 말했다.

좋은 찬송가는 그리스도의 교회에 헤아릴 수 없는 복이다. 나는 마지막 날만이 그것이 행한 선의 실제 양을 세상에 보여줄 것이라고 믿는다. 그것은 부자나 가난한 자 모두에게 적합하다. 아주 좋은 찬송에는 다른 어떤 것도 만들어낼 수 없는 고양시키고, 자극하고, 진정시키고, 영화시키는 효과가 있다. 그것은 본문이 잊혀질 때 사람의 기억에서 사라지지 않는다. 그것은 찬송이 주된 업무의 하나인 천국을 위해 사람을 훈련시킨다. 설교와 기도는 어느 날 영원히 중지될 테지만, 찬송은 결코 없어지지 않을 것이다.[151]

## 주일학교

라일은 엑스베리에서부터 주일학교를 도왔다. 헬밍엄에서 어린이들에게 설교했고, 그것을 소책자로 출간했다. 특히 스트래드브로크에서 라일은 주일학교에 많은 관심을 기울였다. 그의 아내 헨리에타 라일도 주일학교 학생을 가르쳤고, 주일학교는 번창했다. 당시 기사에는 이런 기록도 있다.

> 자리를 가득 채운 사람들이 밝고 힘찬 찬송을 부르는 예배는 단순하고도 강력했으며, 거의 매번 회중석의 소년소녀를 위한 권면으로 마무리되었다. 라일은 부모들에게 어린 자녀들을 데려오라고 권했다.[152]

라일은 스트래드브로크와 리버풀에서도 계속 어린이에게 설교했다. 그래서 어린이를 위한 설교집을 여러 권 출간하기도 했다.[153] 라일이 리버풀 주교로 있는 동안 주일학교 출석은 놀랍게 증가했다. 1884년에 4만 명가량이던 것이 1890년에는 10만 명에 이르렀다. 로저스는 그 이유를 이렇게 설명한다.

> 어린아이가 설교를 듣는 것이 최우선 순위였다. 그것은 미래

를 위한 좋은 투자였고, 노동 계층을 끌어들이는 방편이었다. 라일은 노동 계층의 부모는 종종 그들의 자녀를 통해 교회에 나올 수 있다고 믿었다. 이것이 그가 어린이 사역 확장을 그토록 중요하게 여긴 이유다.[154]

중요한 것은 라일의 주일학교에 대한 생각이다. 그는 1881년 리버풀 교구에 대한 첫 번째 교지(charges)에서 이렇게 말했다.

> 주일학교가 없다면 신조나 세례문답 및 국교회 기도서 같은 것을 무시하고 견진성사를 위한 준비도 갖추지 못한 젊은 세대가 이 땅에 양산될 것입니다. 간절히 바라는 것은 주일학교에 대한 관심을 더욱 많이 가져달라는 것과, 자신을 부인하는 인격을 구비한 유익한 주일학교 교사를 다방면으로 지원하고 양성해야 한다는 것입니다. 나는 유능한 주일학교 교사야말로 성직자의 든든한 오른팔이라고 믿습니다.[155]

그로부터 3년 후 리버풀 교구에 대한 두 번째 교지에서 라일은 다시 주일학교에 대해 언급했다.

우리 교구의 주일학교 교육에 대한 관심에 깊이 감사드립니다. 이러한 관심이 사라지지 않고 매년 더 강화되고 확대되기를 바랍니다. 현재 주일학교 학생은 약 4만 명이고, 교사는 4천 명입니다. 이러한 수치는 우리가 조금만 노력을 기울여도 쉽게 증가할 수 있습니다. 적어도 매주 한 차례씩 주일학생에 대한 분명하고 주도면밀하며 교리적인 교육이 지금보다 더 필요한 시기는 없었습니다. 정부는 인가받은 학교의 종교적 교육에 대한 의무를 인정하거나 보상하는 것을 공식적으로 거부하였기 때문에, 교회는 아이들에 대한 성경적 교육이 학교에서 외면당하지 않도록 주의하고, 주일학교에 특별한 관심을 기울여야 합니다.

나는 교구 내 모든 성직자가 주일학교에 최대의 관심을 가지고 능력 있는 교사를 양성하며, 주일학교 시간이 흥미로운 이야기 책이나 읽어주고 아이들을 웃게 만드는 것으로 만족하는 선생들에 의해 의미 없는 시간이 되지 않고 효율적인 시간이 되도록 최선을 다해 줄 것을 엄숙히 촉구합니다. 성경과 기도서에 대한 교육은 언제나 우선되어야 하며, 구원에 필요한 교리를 명확하게 가르치는 데 초점을 두어야 할 것입니다.[156]

## 믿음

라일의 목회에는 많은 고난이 있었으나 열매는 풍성했다. 이렇게 된 것은 그의 믿음 때문이다. 그는 모세의 모범을 통해 믿음으로 산다는 의미를 설명했다. 여기에는 모든 사역자가 귀담아들어야 할 중요한 내용이 들어 있다.

**(4) 하나님을 위해 위대한 일을 하는 참된 비결은, 위대한 믿음에 있습니다.** 이 점에 있어 우리는 모두 실수하기 쉽습니다. 은혜와 은사와 재능에 대해서는 생각도 많고 말도 많습니다. 반면 믿음이 은혜와 은사와 재능의 뿌리요 어머니라는 사실은 잘 잊어버립니다. 하나님과 함께 걸을 때, 자기가 가진 믿음만큼만 갈 수 있습니다. 우리의 삶은 자기가 가진 믿음의 분량에 비례합니다. 자신이 누리는 평화, 인내, 용기, 열심, 사역 등은 다 자기가 가진 믿음에 비례합니다.

웨슬리나 윗필드, 벤, 헨리 마틴(Henry Martyn), 비커스테스(Edward Bickersteth), 찰스 시므온(Charles Simeon), 맥체인 같은 탁월한 그리스도인의 생애를 읽으면서 "이 사람이 가진 은사와 은혜는 얼마나 놀라운가!"라고 말하고 싶을 것입니다. 그러나 그렇게 말하지 말고 히브리서 11장을 통해 하나님이 제시하신 은혜의 모태에 영광을 돌리고, 그들의 믿음을 칭송하십시오. 제 말을 믿으십시오. 믿음이야말로 이들이 나타낸 모든 성품의 원천이었습니다.

"그들은 모두 기도의 사람이었고, 기도가 그들을 그렇게 만들었습니다"라고 하는 사람에게 왜 그들이 기도했냐고 묻고 싶습니다. 그들에게는 큰 믿음이 있었기 때문입니다. 기도가 무엇입니까? 기도는 [믿음으로] 하나님께 말씀드리는 행위가 아닙니까?

"그들은 모두 부지런하고 열심 있는 사람들이었기 때문에 성공할 수 있었다"고 말할 것입니다. 그렇게 말하는 사람에게 그들이 왜 그토록 부지런했는지 묻고 싶습니다. 믿음이 있었기 때문입니다. 그리스도인의 부지런함은 다름 아닌 믿음의 역사입니다.

"그들은 모두 용감했다. 용맹이 있었기 때문에 그들은 쓰임 받을 수 있었다"고 말하는 사람도 있을 것입니다. 어떻게 그렇게 용감할 수 있었습니까? 그들 모두 큰 믿음의 사람이었습니다. 그리스도인에게 있는 담대함이 무엇입니까? 의무를 정직하게 감당하는 믿음입니다.

"그들을 위대하게 만든 것은 거룩과 영성이었다"고 외칠 사람도 있을 것입니다. 그들을 그토록 거룩하게 한 것이 무엇입니까? 살아 역사하는 믿음이었습니다. 믿음이 눈에 보이게 드러난 것이 거룩입니다. 거룩은 성육신한 믿음입니다.

이 글을 읽으면서 은혜와 예수 그리스도를 아는 지식에서 더 자라고 싶은 마음이 일어나는 사람이 있습니까? 많은 열매를 맺고 싶습니까? 탁월한 거룩함으로 쓰임받고 싶습니까? 밝은 빛으로 드러나고 싶습니까? 모세가 했던 것처럼 정오의 태양처럼 분명하게 세상이 아닌 하나님의 길을 택하고 싶습니까? 모든 신자가 이 물음에 "예! 예! 예! 우리가 간절히 바라고 원하는 바입니다"라고 대답할 것입니다.

그렇다면 오늘 제가 드리는 권고를 잘 들으십시오. "주여, 우리에게 믿음을 더하소서"라고 외친 제자들처럼 주 예수 그리스도께로 가서 부르짖으십시오(눅 17:5). 믿음은 참된 그리스도인에게 있는 모든 성품의 뿌리입니다. 뿌리를 바르게 하면, 곧 많은 열매가 맺힐 것입니다. 여러분의 영적인 번영은 항상 믿음에 달려 있습니다. 믿는 자는 구원에 이를 뿐 아니라, 결코 목마르지 않고 승리합니다. 견고한 믿음으로 이 세상이라는 물 위를 성큼성큼 걸어 위대한 일을 이룰 것입니다.[157]

## Summary
## 요약

　라일은 역사 속에 나타난 청교도에게서 복음주의 신앙을 배웠다. 그것은 그가 볼 때 성경의 기준에 가장 잘 부합하는 신앙 유형이었다. 그는 이 신앙에는 세상을 변화시키는 능력이 있다고 굳게 믿었다. 그래서 복음주의 신앙이 무시당하는 당시의 상황에서도 타협하지 않고 이 신앙을 전하고 가르쳤다. 그는 이를 위해 누구보다도 분명한 교리의 중요성을 강조했다. 그 결과 비록 잉글랜드 동부의 시골 교회에서 목회했음에도 주목할 만한 열매를 거두었다. 또 그의 설교와 가르침은 책을 통해 현재까지도 많은 사람에게 강력한 영향을 주고 있다. 이 점에서 그의 설교와 목양은 진정으로 세상을 변화시키기 원하는 모든 사역자에게 복음주의 목회의 전형으로서 우뚝 서 있다.

# Part 3

존 칼빈의
설교와 목양

# 1

## 성경적 설교와 목양의 실효성

해롤드 데커는 칼빈의 욥기 설교집 서론을 이런 말로 시작한다.

칼빈이 자신을 우선 설교자로 생각했음에도 그가 조직신학자로 알려진 것은 역사의 변칙이 아닐 수 없다. 그는 '기독교강요'(Institutes)보다도 자기 설교가 가장 주요하게 기여했다고 믿었다. … 그는 일차적으로 자신을 목회자로 생각하고 있었다. 후 시대의 사람들보다 칼빈 당대의 사람들이 칼빈 자신의 그러한 생각을 더 가까이 대할 수 있었다. 그 자신의 시대에나, 그가 고인이 된 후 수십 년 동안 '기독교강요'가 인기를 얻은 것도 그의 설교 때문이었다.[158]

그러나 시간이 흐르면서 설교자요 목사로서 칼빈의 면모는 점점 잊히고 말았다. 사람들은 그의 설교보다 『기독교강요』를 비롯한 신학적 저술과 그의 주석에 더 큰 관심을 보였다. 그 결과 그는 종교개혁의 신학자요 주석가요 저술가요 사상가로 기억되고 있다. 케네스 브라우넬은 "칼빈이 역사 속에 미친 영향력 때문에 우리는 칼빈이 최우선적으로는 목회자이며 설교자였다는 사실을 잊기 쉽다"[159]고 말한다.

그러나 다행히도 최근 들어 칼빈의 목회 사역에 대한 새로운 학문적 관심이 일어났다. 스캇 마네치는 그 연구결과를 토대로 칼빈을 포함한 당시 제네바 목회자에 대한 중요한 통찰을 제공한다.

> 첫째로, 제네바(그리고 일반적으로 말해서 초기 근대 유럽을 포함하여) 목회자들이 받은 부르심의 종교적 본질을 제대로 파악하지 않는 한 그들을 정확히 이해할 수 없다는 것이다. … 그들의 소명이 사회적 정치적 경제적 관계라는 복잡한 구조 안에서 다양하게 묘사되었음에도, 이것은 설교자와 목사로서 그들의 자아정체성이라는 가장 근본적인 종교적 본질의 중요성을 조금도 감소시키지 못한다. 둘째로, 칼빈과 그의 목회 동역자들을 교구민의 일상 관심사와 동떨어진 상아탑에 갇힌 신학자로 묘

사하는 것은 정확하지 않다는 것이다. 이와 반대로 그들의 설교와 목회적 돌봄이라는 사역에서 잘 나타나듯이, 제네바의 목사들은 그리스도인의 제자도와 관련된 실제적 문제에 대해 설교하고 도시민과 농민에게 믿음과 소망과 사랑과 회개로 특징지어진 삶을 살아갈 것을 명령하는 일에 그들의 많은 시간과 에너지를 헌신했다.[160]

이처럼 칼빈의 자아정체성은 무엇보다도 그가 설교자요 목사라는 사실에 있었음이 분명하다. 그래서 칼빈의 생애를 심도 있게 다룬 전기라면 이 점을 놓칠 수 없다. 브루스 고든은 칼빈이 설교자요 목회자로서 바울을 본보기로 삼았음을 강조한다.[161] 파커는 설교자로서 칼빈을 주목하면서 이렇게 말한다.

> 이것은 강단에서 그의 모습을 빼면 그의 모습을 충분히 볼 수 없을 정도로 그의 시간과 정력의 많은 부분을 설교에 투자했기 때문일 뿐 아니라, 설교가 주요 위치를 차지하지 않으면 제네바에서 그의 사역을 공정하게 대할 수 없기 때문이다.[162]

이와 함께 칼빈의 설교에 대한 던 드브리스의 말도 주목할 필요가 있다.

> 칼빈이 기독교 역사에서 가장 영향력 있는 설교자였음은 분명하다. 칼빈의 설교는 당대나 사후에 널리 회람되었으며, 칼빈의 영향력을 전파하는 데 다른 어떤 신학 논문보다도 더 큰 역할을 담당했다.[163]

이런 점에서 설교자요 목사로서 칼빈을 살펴보는 일은 매우 중요하다. 그것은 칼빈의 진면목을 보게 함으로써 오늘날 목회자가 참고할 수 있는 실제적이고 풍성한 자원을 제공하기 때문이다. 칼빈은 오늘날 우리에게 그의 신학을 통해 줄 수 있는 영향 못지않게 그의 설교와 목양을 통해 영향을 준다. 그것은 두 가지 점에서 우리에게 유익하다. 첫째, 칼빈은 우리에게 성경적 설교와 목양의 모델을 제공한다. 오늘날 많은 목회자가 실용주의 목회를 좇고 있다. 그래서 그들의 설교는 하나님 말씀으로서의 성경보다 사람들의 필요에 초점을 맞춘다. 그들의 목양은 성경이 제시하는 목양의 원리(신학)보다 효과적이라고 여기는 방법론과 프로그램에 치중한다. 여기에 대해 칼빈은 성경적 설교와 목양이 어떻게 구체적으로 실행될 수 있는지 보여준다. 둘째, 칼빈은 우리에게 성경적 설교와 목양의 실효성을 보여준다. 칼빈의 설교와 목양은 성경의 가르침에 충실했을 뿐 아니라 교인들의 목회적 필요도 채웠다. 그 결과 생피에르 예배당은 청중으로 채워졌고, 교인들의 삶에도 변화가 나타났다. 따라서 칼빈의 설교와 목양은 오늘날 성경적 설교와 목양의 실효성을 의심하는 목회자를 일깨울 수 있다. 이처럼 칼빈은 당대에 성경의 교리에 충실한 교회의 부흥을 꿈꾼 목회자였다. 그로부터 500년이 지난 오늘 우리가 그를 주목해야 하는 이유가 여기 있다.

# 2

## 생애

### 출생과 교육, 회심과 소명

칼빈은 1509년 7월 10일 파리에서 북쪽으로 96킬로미터 떨어진 대성당 도시 누아용에서 출생했다. 어머니 쟌느 르 프랑(Janne le Franc)은 칼빈이 여섯 살 때 세상을 떠났다. 그래서 어린 시절 칼빈의 교육은 아버지 제라르 코뱅(Gérard Cauvin)의 영향이 컸다. 공증인과 대성당 참사회의 재무 관리인이던 아버지는 처음에 칼빈이 성직자가 되기를 바랐다. 칼빈이 열두 살 때 아버지는 주교 집안과의 관계를 이용해 아들이 성직록을 받게 해주었다. 이로써 칼빈은 학업에 필요한 재정을 충당할 수 있었다. 칼빈은 누아용의 콜레주 데 카페트에서 초등교육을 받은 후 1523년 파리로 갔다.

그는 첫 3개월 동안 콜레주 드 라 마르슈에서 공부했다. 여기서 그리스도인으로서 뛰어난 인문주의 교육자 마튀랭 코르디에에게 라틴어를 배웠다. 그해 말 칼빈은 콜레주 드 몽테규로 전학했다. 이곳에서 신학을 위한 예비 과정으로 수사학과 논리학 같은 인문학을 공부한 것으로 추정된다. 또 이 학교의 엄격한 수도원적 체계 아래서, 칼빈이 평생 지켜온 절제된 삶을 훈련했을 것으로 보인다. 그런데 칼빈은 전공을 신학 대신 법학으로 바꾼다. 그는 나중에 시편 주석 서문에서 이렇게 된 이유를 설명했다.

> 내가 아주 어렸을 때 부친은 내게 신학을 공부시키려고 작정했다. 그런데 후에 법률 관련 직업에 종사하는 사람이 대체로 부를 쌓는다는 생각을 하게 되었고, 이 기대가 갑작스럽게 처음 목적을 변경하도록 유도하고 말았다.[164]

칼빈은 아버지의 뜻에 따라 법학을 공부하기 위해 1528년 초 파리에서 남쪽으로 128킬로미터 떨어진 오를레앙으로 갔다. 거기에는 유명한 법학자 피에르 드 레스투알이 있었다. 루터의 영향을 받은 독일인 인문주의자 멜히오르 볼마르를 알게 된 것도 이곳에서였다. 칼빈은 그에게서 헬라어를 배웠고, 그의 영향으로 인문주의 연구에 몰두하게 되었다. 이 시기에 칼빈은 저녁도 거를 정도로 공부에 집중했고, 자정까지 깨어 공부하곤 했다. 이로 인해 건강을 해치게 되었다. 칼빈은 1529년 봄 오를레앙을 떠나 부르주로 갔다. 그곳은 당시 개혁 사상의 피난처로서, 이탈리아인 안드레아 알치아티가 법학을 가르치고 있었다. 칼빈은 1531년 봄에 법학 석사학위를 받는데, 고든은 그가 받은 법학교육의 영향을 이렇게 설명한다.

칼빈이 경험한 엄격한 법학 훈련은 그의 삶 모든 영역에 새겨졌다. 본문을 해석하고 인문주의 방법론에 근거해 정확한 논증을 할 수 있도록 지성이 다듬어졌고, 결혼과 재산, 범죄에 이르기까지 주제를 철저하게 장악할 수 있는 능력도 갖추게 되었다. 칼뱅은 법률 제정의 틀을 만들고 법령을 작성하며 법률적 의견을 제시하는 훈련도 받았는데, 이 모든 것은 제네바에서 이력을 쌓는 동안 크게 빛을 발한다. 법학 훈련의 유산은 또한 학문적 영역에도 미쳤다. '증인'이신 성령, '칭의'의 본질, '율법의 제정자'이자 '재판관'이신 하나님, '영원한 변호자'이신 그리스도 등, 그의 가장 근본적인 신학 개념 일부를 태동시킨 근원은 법학이었다. 드 레스투알과 알치아티에게서 배운 문헌학적 역사적 방법론은 이후 칼뱅이 쓴 성경 주석의 기반이 되는데, 이로

써 칼뱅은 성경해석 방법론에 일대 혁신을 일으킨다.[165]

1531년 3월에 칼빈은 콜레주 루아얄에서 공부하려고 파리로 돌아갔다. 그런데 아버지가 위독해 누아용으로 가야 했다. 그곳에 머무는 동안 그는 세네카의 『관용론』에 대한 주석을 썼다. 이 책은 1532년 4월 파리에서 출판되었는데, 인문주의자로서 칼빈의 면모를 보여준다.[166] 1531년 5월 26일 아버지 사망 후 파리로 돌아온 칼빈은 콜레주 루아얄에서 헬라어 공부를 계속하면서 새로 히브리어 공부를 시작한 것으로 보인다. 그러나 가을에 흑사병이 돌아 이 공부는 중단되고 말았다.

이 시기 칼빈에게는 중요한 변화가 일어나고 있었다. 스페이커르는 그 변화를 이렇게 설명한다.

> 엄청난 지식을 지닌 칼빈의 고전 작가들에 대한 관심은 천천히, 그러나 확실하게 일차적으로는 성경 읽기와 성경에 대한 연구, 그리고 그에 못지않게 교부들에 대한 커다란 흥미를 갖게 했다.[167]

이러한 변화는 1533년 가을 무렵 일어난 것으로 추정되는 그의 회심으로 이어진다.[168] 이 회심에 대한 칼빈의 언급은 1539년 사돌레토 추기경에게 보낸 편지에 처음 나타난다. 이 편지에서 칼빈은 자신의 순종이 교회의 권위에 대한 것에서 하나님의 말씀에 대한 것으로 바뀌었다고 말한다.

> 등불과도 같이 당신의 모든 백성을 비추었어야 할 당신의 말씀을 우리는 버렸고 최소한 [억압했나이다]. 우리가 더 큰 광명을 바라지 못하도록 저들이 우리 모두의 마음속에 한 가지 사상을 심어 놓았는 바, 감추어진 천국 원리에 대한 탐구는 소수의 무리에게 위임되었으며, 다른 사람들은 저들의 말을 하나님의 말씀으로 여겨야 한다는 것이었나이다. 저들은 평범한 사람들의 마음은 교회에 순종하는 데 적당한 정도의 지식이면 족하다고 하였나이다. … 그때 매우 다른 형태의 교회가 시작되었으며, 그 교리는 우리로 하여금 기독교의 신앙고백으로부터 멀어지게 만드는 그러한 것이 아니라, 기독교의 신앙고백을 그 원천이 되는 곳으로 되돌려 놓으며 모든 불순물을 제거하여 본래의 순수성을 회복시키는 그와 같은 것이었나이다. 그 교리가 새로운 것임에 반감이 들어 저는 별로 귀 기울이지 않았나이다. 처음에 저는 매우 강력하고도 정열적으로 이 교리에 저항하였음

을 고백하나이다. … 특별히 한 가지 사항이 저로 하여금 그 새로운 교사들에 대해 반감을 갖도록 만들었는데, 그것은 바로 교회에 대한 숭배 문제였나이다. 그러나 일단 제 눈을 열고 배우기로 결심한 후에야 저는 이 새로운 교사들이 교회의 위엄을 손상시키려 한다는 두려움이 전혀 근거가 없는 것이었음을 알게 되었나이다.[169]

자신의 회심에 대한 칼빈의 언급은 1557년에 쓴 시편 주석 서문에 한 번 더 나타난다. 여기서 칼빈은 자신이 교황주의의 미신에서 벗어나게 된 '갑작스러운 회심'에 대해 말한다.

처음에 나는 너무도 고질적으로 교황주의의 미신에 열성적이어서 그 진흙의 깊은 수렁에서 쉽게 벗어날 수 없었기 때문에, 하나님께서 갑작스러운 회심으로 내 마음을 복종시키셨고 온순한 성격이 되게 하셨다. … 이렇게 해서 참 경건에 대한 어떤 맛과 지식을 얻은 후로 나는 이내 그 속에서 정진하고자 하는 강렬한 갈망으로 불붙게 되었는데, 비록 내가 한꺼번에 다른 공부를 그만두지는 않았을지라도 전보다는 훨씬 적은 열정으로 그것들을 추구하였던 것이다. 일 년이 경과하기도 전에 나 자신이 아직 일개 단순한 초심자이며 초학자였음에도 불구하고 좀 더 순전한 가르침을 찾기를 갈망하는 모든 사람이 끊임없이 내게 배우러 오는 것을 발견하고 나는 아주 놀랐다.[170]

이처럼 칼빈에게 일어난 회심은 그의 소명과 연결되어 있다. 하나님은 그를 교회의 가르치는 자로 부르신 것이다. 한편 1533년 11월 1일 만성절에 소르본의 신임 학장 니콜라 콥은 마튀랭의 교회에서 취임 연설을 했다. 칼빈은 이단 혐의를 받은 이 연설에 연루되어 파리를 떠났다. 그는 프랑스 남서부 앙굴렘에 있는 친구 루이 뒤 틸레의 집에 얼마간 머물렀다. 그곳에서 풍성한 장서를 보며 교부들의 글을 읽고 연구할 수 있었다. 이 시기에 칼빈은 복음주의 견해를 형성함과 아울러 『기독교강요』를 쓰기 시작한 것으로 보인다.

## 망명과 첫 번째 제네바 체류

1534년 10월 17일 한밤중에 이른바 벽보사건이 일어난다. 미사를 혐오스러운 것으로 비난하는 벽보가 왕의 침실문을 비롯해 파리 전역에 나붙었다. 그 결과 종교개혁에 동조해 복음주의 신앙을 옹호하는 사람들에 대한 박해가 일어났다. 그래서 칼빈은 파리를 떠나 오를레앙으로 갔다. 여기서 칼빈은 재침례교도 사이에 퍼져 있던 영혼수면설을 반박한 『영혼의 잠』이라는 첫 번째 개혁주의적 작품을 집필하기 시작했다. 그리고 1534년 말 친구 루이 뒤 틸레와 함께 프랑스를 떠났다. 칼빈은 계속 연구할 수 있는 곳을 찾았고, 스트라스부르를 거쳐 1534년 말에서 1535년 1월 즈음 바젤에 도착했다. 이미 1529년 외콜람파디우스가 종교개혁을 수용했던 이곳에서, 칼빈은 니콜라 콥과 그의 친척 피에르로베르 올리베탕과 재회하고, 기욤 파렐, 피에르 비레, 하인리히 불링거 등을 알게 되었다. 당시 출판 산업으로 유명했던 바젤에서 칼빈은 복음주의 문헌을 출판하게 될 인쇄업자도 알게 되었다. 이와 함께 바젤은 칼빈이 연구하고 글을 쓸 수 있는 곳이라는 점에서 중요했다. 결국 칼빈은 바젤에서 저자로서 놀라운 성취를 이룬다. 이에 대해 고든은 이렇게 말한다.

> 바젤에서 보낸 시간은 칼뱅의 놀라운 깊이를 드러내고, 정교한 지적 통찰이 담긴 작품들이 등장한 시기였다. 신학을 한 번도 공식적으로 공부한 적 없는 젊은이가 동시대 사람들을 깜짝 놀라게 만든 작품을 세상에 내놓은 것이다. 눈부신 저자 하나가 등장했다.[171]

바젤에서 칼빈은 이전에 썼던 『영혼의 잠』을 개정하고, 올리베탕의 프랑스어 성경 서문을 작성했다. 또 1536년 3월에는 완성된 『기독교강요』를 출판할 수 있었다. 원래 이 책의 목적은 제목이 보여주듯 기독교 신앙 전체를 다루기 위한 것이 아니라 교리문답처럼 가르치기 위한 것이었다. 그런데 박해받는 형제들을 위한 변증적 성격도 띠게 되었다. 이 책의 내용 가운데 성례에 대한 부분은 특히 주목할 필요가 있다. 칼빈이 바젤에 있는 동안 종교개혁 내부의 분열을 가져온 성찬에 대한 논쟁을 경험했기 때문이다. 논쟁의 핵심은 '어떻게 떡과 포도주가 그리스도의 몸과 피가 되는가?'라는 물음에 있었다. 이 물음에 대한 전통적 견해는 화체설(transubstantiation)과 공재설(consubstantiation)로 불린다. 문제는 초기의 종교개혁자들도 이 물음을 초월할 수 없었다는 것이다. 루터의 견해는 공재설에 가까운 데 비해, 츠빙글리의 견해는 떡과 포도주가 그리스도의 몸과 피의 상징에 불과하다는 것이었다. 그러나 칼빈은 『기독교강요』에서 이 두 견해의 차이를 어떻게 극복했는지 보여주었다.

캐묻기 좋아하는 사람들은 어떻게 그리스도의 몸이 떡 속에 임재하는지를 정의하고 싶어했다. 어떤 이들은 자신들의 명민함을 과시하기 위해 성경의 단순성 위에 그리스도께서 실제적으로(really), 실체적으로(substantially) 임재한다는 이론을 덧붙였다. 다른 이들은 그가 십자가 위에 달리신 것과 동일한 차원에서 임재하신다고 한 걸음 더 나아가 주장하기를 원했다. 또 어떤 이들은 화체설이라는 이상한 괴물을 발명해 냈다. 혹자는 떡이 몸이라 했고, 혹자는 몸이 떡 안에 혹 떡 밑에 있다고 했으며, 혹자는 떡은 단지 몸의 표적(sign)이요 비유(figure)라 했다. 이것이 이렇게 말도 많고 다툼도 많을 수밖에 없는 중요한 문제임엔 틀림없다. 또 보통 그렇게들 생각한다. 그러나 이것을 그렇게 중요하게 생각하는 사람들이, 실제로 중요한 문제는 '어떻게 우리를 위해 주신 그리스도의 몸이 우리의 것이 되며, 우리를 위해 흘리신 피가 우리의 것이 되느냐, 다시 말해서 어떻게 우리가 십자가에 못 박힌 그리스도 전부를 소유하고, 그의 모든 축복에 참여할 수 있는가?'라는 것임을 깨닫지 못한다. 이 주된 질문이 중요하지 않은 것으로 생략되고, 사실상은 무시되고 또 잊혔기 때문에 '어떻게 우리가 몸을 먹는가?'라는 애매한 난제만을 가지고 왈가왈부 격론을 벌였던 것이다.[172]

그래서 칼빈은 신자가 성령을 통해 그리스도의 실제적인 살과 피에 참여한다는 결론에 이른 것이다. 『기독교강요』가 출간된 무렵 칼빈은 루이 뒤 틸레와 함께 이탈리아로 가서 페라라 궁전을 방문하고 돌아왔다. 그 후 다시 파리로 갔는데, 이것이 그의 마지막 모국 방문이 되고 말았다. 칼빈은 그 후 자신이 제네바에 머물게 된 과정을 시편 주석 서문에서 이렇게 설명한다.

> 그 당시 내가 은거하려고 마음먹었던 [스트라스부르](Strasburg)로 가는 직선로가 대부분 전쟁으로 폐쇄되었기 때문에, 나는 단 하룻밤도 머물지 않고 제네바를 재빨리 지나쳐버릴 결심이었다. 이 일이 있기 바로 얼마 전에 언급한 바 있는 탁월한 인물(파렐)과 피터 비레(Peter Viret)의 노력으로 교황주의자들이 그 도시에서 쫓겨났다. 그러나 사건이 아직 안정된 상태는 아니었으며, 그 도시는 사악하고 위험스러운 도당들로 나뉘어 있었다. … 복음을 확장시키기 위해 놀라운 열정으로 불타고 있던 파렐이 이 사실을 알자마자 나를 붙잡아두기 위해 온 신경을 곤두세운 것이다. 그런데 나는 다른 것을 추구하러 떠나기를 바랐으므로, 그가 내 마음이 개인적 연구에 골몰해 있음을 알고 또 간청으로는 아무것도 얻지 못함을 발견하고 나서, 만일 내 도움이 꼭 필요할 때 도와주기를 저버리고 거절한다면 하나님께서는 내 은거생활과 연구의 평온함을 저주하실 거라는 저주

의 말을 내게 퍼부었다. 이 저주로 나는 공포에 사로잡혀 계획했던 여행을 단념하고 말았다.[173]

칼빈은 처음에는 설교자가 아니라 신학 교사가 되기 위해 제네바에 머물렀다. 1536년 9월, 그는 생피에르대성당에서 교사로서 바울서신 강좌를 시작했다. 그러나 머지않아 목사로 선임되고 정기적으로 설교하게 되었다.[174] 그해 10월 로잔에서 벌어진 성찬 논쟁에서 칼빈은 교부 테르툴리아누스를 인용함으로써 가톨릭 대표단을 압도했다. 칼빈은 1537년 1월 교회 개혁을 위해 엘리 쿠로, 파렐과 함께 『교회 조직에 대한 조항들』[175]을 의회에 제출했고, 『신앙고백』과 『교리문답』도 만들었다. 이로 인해 제네바의 종교적 삶에는 근본적인 변화가 일어났다. 이 무렵 로잔의 주임 설교자로 임명된 피에르 카롤리는 죽은 자를 위한 기도를 옹호하며 칼빈을 아리우스주의자로 정죄했다. 그러나 로잔 모임을 통해 칼빈의 삼위일체 교리는 정당성을 인정받았고 카롤리는 면직되었다. 그 후 정치적 환경 변화와 이와 함께 대두된 베른식 예전 사용 문제로, 그 예전을 거부한 칼빈과 파렐은 1538년 4월 추방되고 말았다.

## 스트라스부르

제네바를 떠난 칼빈과 파렐은 베른과 취리히를 거쳐 바젤로 갔다. 파렐은 1538년 7월 말 뇌샤텔교회의 목사로 청빙되어 바젤을 떠났다. 제네바에서 추방된 일로 큰 상처를 받은 칼빈은 연구하는 일에만 전념하려 했으나, 스트라스부르에서 종교개혁의 지도자였던 마르틴 부처가 파렐이 한 것처럼 그의 소명을 일깨워주었다. 그 결과 칼빈은 스트라스부르로 가서 프랑스 피난민 교회의 목사가 되고, 그곳의 아카데미에서도 가르쳤다. 이곳에서 칼빈은 목회가 무엇인지 배웠다. 또 1540년에는 그의 회중 가운데 과부가 된 이들레트 드 뷔르와 결혼했다. 후에 제네바에서 아들을 낳지만 일찍 죽고 말았다.

이 시절 칼빈의 신학적 발전은 부처에게 빚진 바가 크다. 칼빈은 그를 프로테스탄트 최고의 성경 주석가로 존경했다. 부처의 영향은 칼빈이 정립한 목회의 4중직과 예전과 교회 치리에도 나타난다. 스트라스부르에서는 회중이 부르는 시편 찬송과 기도문에 따르지 않는 즉흥 기도가 도입되었다. 오르간 사용은 로마 가톨릭을 의식해 금지했다. 이곳을 떠날 때쯤 칼빈은 자신과 부처의 관계를 부자 관계로 묘사했다.

스트라스부르에 머무는 동안 칼빈은 몇 가지 중요한 저술을 남졌다. 1539년에 나온 『기독교강요』 개정판은 교리문답이라기보다 기독교 신앙 전체를 다룬 것으로서 분량이 초판의 세 배에 달했다. 이어서 칼빈은 로마서 주석을 쓰기 시작해 1540년에 최초의 주석이 나왔다. 또 성찬 논쟁으로 혼돈에 빠진 신자들을 돕기 위해 『성찬에 대한 소고』를 썼는데, 이 책은 1541년 제네바에서 출판되었다. 1539년 3월 사돌레토 추기경은 가톨릭 진영으로 돌아오도록 권유하는 편지를 제네바에 보냈다. 그러자 제네바 당국은 베른 당국에 문의했고, 칼빈이 답변자로 추천되었다. 그렇게 작성된 『사돌레토에게 보낸 답신』이 1539년 9월 출판되었다. 이것은 제네바 시민들이 칼빈의 복귀를 희망하는 데 영향을 미쳤다.

부처는 칼빈을 1539년 1월 라이프치히 논쟁에 이어서 프랑크푸르트 제국회의에도 데리고 갔다. 거기서 칼빈은 필립 멜란히톤을 만나고 루터파에 대해 긍정적 태도를 갖게 되었다. 그 후 1540-1541년에 종교회의에 연이어 참석했다. 이 과정에서 칼빈은 프로테스탄트 진영의 중요한 인물로 부상했다. 그러나 회의 결과는 실망스러웠다. 1540년 2월 선거에서 기에르맹파(기욤 파렐의 이름을 딴 당파)가 다시 소의회를 장악하자 제네바는 칼빈이 돌아올 것을 제안하기 시작했다. 칼빈이 편지를 통해 제네바와 계속 관계를 맺고 있었지만, 그의 복귀는 내키지 않는 것이었다. 칼빈은 자신의 복귀 조건으로 어린이를 위한 교리문답과 교회의 권징을 내걸었다.

## 제네바 귀환과 이후의 사역

1541년 9월 13일 칼빈은 제네바로 돌아갔다. 그는 즉시 1538년 자신이 추방될 때 중단했던 성경 본문에서부터 다시 설교하기 시작했다. 칼빈은 『교회법』을 작성하여 두 달 만에 시의회의 통과를 얻어냈다. 고든은 "1541년 가을의 『교회법』은 1539년 『기독교강요』, 로마서 주석 그리고 스트라스부르에서 목사로 일한 경험에서 발전된 칼뱅의 교회론을 반영했다"[176]고 말한다.

이 『교회법』은 몇 가지 중요한 내용을 담고 있다. 첫째, 교회와 국가의 관계를 정립했다. 교회와 국가는 각각 독특하지만 상호 의존적인 관계에 있음을 규정함으로써, 교회의 권위와 국가의 권위가 신중한 균형을 이루게 한 것이다. 이것은 국가를 교회에 종속시키려는 것이 아니라 교회를 국가로부터 보호하려는 것이었다. 둘째, 교회를 목사, 교사, 집사, 장로의 네 가지 직무로 조직했다. 스캇 마네치는 이것의 의의를 이렇게 말한다.

칼빈 교회론의 또 다른 중요한 국면은 교회 [사역자들의 복수성(plurality)에 있었다. 칼빈에게 있어서 교회 정치는 한 사람이 대권을 행사하거나 단지 목사들만 책임지는 것이 결코 아니었다. … 교회의 권위는 정당하게 임명된 목회자들과 교사, 그리고 평신도 장로와 집사들이 기독교 공동체의 유익을 위해 성경의 명령에 따라 각각 자신의 고유한 재능을 발휘하여 함께 공유하는 것이었다.[177]

셋째, 교회 권징을 위해 콩시스투아르라는 종교법원을 설립했다. 이것은 의회 소속의 장로 열두 명과 모든 도시 목회자로 구성되어 평신도를 감독하는 치리회였다. 이 기관은 출교권이 있어서 정부의 권위에 대해 갈등의 소지를 안고 있었다. 넷째, 세례와 성찬을 두 가지 성례로 확정했다. 다섯째, 교구 조직을 개혁하여 모든 사람이 교구 안에서 세례와 성찬을 받고 교리문답에 참여하게 했다. 이것은 목회자는 설교자일 뿐 목사는 아니라는 오해를 불식하기 위한 것이었다. 그래서 제네바 도시에서는 상부 도시의 생피에르예배당, 하부 도시의 마들렌예배당, 론강 맞은편의 생제르베예배당이 교구 교회가 되었고, 시골 지역은 점차로 11개 교구 교회로 정비되었다.

칼빈은 1542년 『기도와 교회 찬송 양식』을 발간했다. 여기에는 시편 찬송이 포함되었다. 이것은 스트라스부르의 부처에게 영향받은 것이었다. 이러한 예배 개혁에는 예배 공간을 단순화하는 변화도 뒤따랐다. 제단과 종교적 성상, 스테인드글라스 창유리 등이 제거되고, 강단이 제단 앞으로 나와 회중의 정중앙에 높게 위치했다. 제단이 더는 성직자와 평신도를 구분하지 못했다. 그래서 스캇 마네치는 가톨릭의 미사와 종교개혁자들의 예배에서 드러난 차이를 이렇게 설명한다.

> 로마 가톨릭의 미사가 대부분 제단 뒤에 놓인 그리스도 몸의 제사장적 희생제사와 극적인 광경에서 그 절정에 이르는 시각적인 사건이었다면, 하나님 말씀의 선포와 듣기 그리고 시편 찬송을 중심으로 하는 개혁주의 예배는 주로 청각의 경험이었다.[178]

칼빈은 1542년 『교리문답』도 발간했다. 이것은 교회 권징과 함께 그가 제네바로 복귀할 때 내세운 조건이었다. 어린이들은 주일 오후 세 교회에서 교리교육을 받아야 했다.

칼빈은 1541-1546년 사이에 여러 분야에서 개혁을 이루었다. 그런데 이러한 개혁을 수행하려면 목회자의 자질이 중요했다. 그는 학식이 부족하고 경건한 인격도 보여주지 못하는 현지인 목회자들을 교체했다. 이것은 1546년 칼빈이 잘 알고 교육 수준이 높은 프랑스인 목회자들이 제네바로 유입되면서 가능했다. 그 결과 칼빈은 1540년대 중반에 시작된 목사회를 이끌면서 "제네바 목회자들을 같은 마음을 가진 강력한 집단으로 바꾸었다."[179] 이런 가운데 1549년 봄 칼빈 인생에 최고의 동반자 이들레트가 사망했다.

그런데 칼빈의 개혁은 여러 반대에 직면했다. 콩시스투아르의 권위를 놓고 정치적 반대가 잇따랐다. 이러한 반대는 아미 페랭이 이끄는 자유파 사람들이 주도했다.[180] 이와 함께 신학적 반대도 일어났다. 라틴어 학교 교장이던 세바스티앙 카스텔리오는 아가서가 정경임을 부정했고, 그리스도의 지옥 강하에 대한 칼빈의 해석에 반대했다. 그는 1545년 제네바를 떠나 바젤로 갔다. 제롬-에르메스 볼섹은 1551년 예정론에 반대를 표명했고, 그해 말 추방되었다. 그는 결국 로마 가톨릭 신앙으로 돌아갔고, 칼빈의 전기를 써서 악의적인 내용을 퍼뜨렸다. 미카엘 세르베투스는 삼위일체론을 비롯한 이단적인 주장으로 유명한 인물이다. 그는 프랑스 비엔에서 체포되어 재판받던 중 도망쳤다가 1553년 8월 제네바에 나타났다. 그는 곧 구금되었고 재판을 받았다. 그런데 당시 칼빈은 콩시스투아르의 출교권을 놓고 의회와 벌인 논쟁에서 곤경에 처해 있었다. 따라서 이 재판에서 그의 역할은 제한적일 수밖에 없었다. 세르베투스에 대한 결정권은 칼빈이 아니라 통치자들에게 있었던 것이다. 결국 세르베투스는 죄가 인정되어 화형을 선고받았다. 이러한 결정을 내리게 된 배경을 고든은 이렇게 설명한다.

> 1550년대 초 프로테스탄트 종교개혁 세력은 가톨릭의 재부흥을 대면하고 있었는데, 당시 트리엔트 공의회에서는 가톨릭의 신학과 치리를 명료하게 정의하고 있었다. 프로테스탄트 교회들은 이단 교설과 이단자의 온상이라는 비난으로 계속해서 심각한 타격을 입었다. 프로테스탄트가 이단에 대한 입장을 정해야 하는 결정적인 순간에 의도치 않은 세르베투스 사건이 찾아왔다. 세르베투스와 기독교회의 근본 교리를 명백하게 부인하는 그의 행위를 정죄하는 데 실패하면 재앙이 될 것이 분명했다.[181]

콩시스투아르의 권위에 대한 논쟁에서 패배한 것 같았던 상황은 1555년 선거로 달라졌다. 칼빈의 지지자들이 선거에서 페랭파에 승리했기 때문이다. 이제 출교권이 콩시스투아르에 있다는 것이 분명해졌다. 칼빈과 그의 지지자들은 제네바를 장악하는 데 성공했다. 그러나 이 과정에서 칼빈은 반대파와 싸우느라 말할 수 없는 고통을 겪어야 했다. 그는 1555년 말에 쓴 편지에서 이렇게 말했다.

저를 믿어 주십시오. 바로 여기 가까이 있는 이들과의 갈등이 세르베투스와의 갈등, 그리고 지금 베스트팔 및 동류와 겪는 갈등보다 큽니다. 그들의 수는 셀 수 있을 정도를 넘고, 그들의 열정은 감당할 수 없을 만큼 뜨겁습니다. 선택할 수 있다면, 이웃에게 영원히 괴롭힘당하느니 교황주의자에게 한 번 화형당해 죽는 편이 낫습니다. 제가 맡은 일의 부담으로, 끊임없이 일어나는 슬픈 일로 고통당하고 주제넘는 요구로 방해받으면서 무너지고 있음이 분명히 보이는데도, 이들은 제게 단 한순간의 쉼도 허락하지 않습니다. 제게 위안이 하나 있다면, 죽음이 곧 찾아와 이 모든 어려운 일에서 저를 건져낼 것이라는 사실입니다.[182]

**고든은 이 무렵 칼빈의 건강상태를 이렇게 알려준다.**

성인기 내내 그를 괴롭힌 편두통과 장 문제에 더하여 통풍에도 시달렸다. 요산이 과다해서 담석에도 시달렸는데, 편지에서 자주 이에 대해 호소하기도 했다. 정치적 승리로 육체적 고통을 면한 것은 아니었다. 밤새 심하게 땀을 흘렸고, 이 때문에 기침하며 피를 토하기도 했는데, 폐결핵 증상이었다. 상태는 점점 더 나빠졌다. 변에는 십이지장충 등 기생충이 가득했는데, 이 때문에 출혈이 과다했고 쉽게 지치고 빈혈에 시달렸다. 기침과 피로로 몇 주간 심지어 몇 달 동안 편지나 소책자 내용을 받아 적도록 불러줄 수조차 없는 경우도 잦았다.[183]

칼빈은 1549년 불링거와 함께 성찬에 대한 교리적 일치를 선언한 취리히 일치신조를 만들었다. 함부르크의 루터파 목사인 베스트팔은 1552년과 1553년에 각각 성찬에 대한 책을 써서 이 취리히 일치신조를 공격했다. 이에 칼빈은 1555년 초 『건전한 정통 성찬 교리에 대한 변호』라는 소책자를 써서 대응했다. 이렇게 시작된 이른바 2차 성찬 논쟁은 1557년까지 계속되었다. 이 논쟁의 결과로 개혁파는 루터파와 다른 길을 가게 되었다. 이로써 프로테스탄트의 일치를 이루고자 했던 칼빈의 노력은 실패하고 만다.

1541년의 『교회법』은 목회자 교육의 필요성을 언급했는데, 이를 위한 기관은 1559년에야 설립되었다. 사실상 로잔아카데미가 이전해 오면서 제네바아카데미가 문을 연 것이다. 교장은 테오도르 드 베즈가 맡았고, 칼빈도 여기서 성경을 가르쳤다. 이 아카데미는 같은 해 출간된 『기독교강요』 최종판과 함께 칼빈의 주요 유산으로 꼽힌다.

    칼빈은 1564년 5월 27일 저녁 8시에 사망했다. 신장결석으로 인한 합병증이 사망원인으로 추정된다. 그다음 날 고위 관료와 많은 시민이 참석한 가운데 치러진 장례식에서, 칼빈의 시신은 그의 요청대로 아무 표시도 없는 무덤에 안장되었다.

# 3

## 설교

### 교회 개혁과 설교

종교개혁은 예배에서 설교의 중요성을 회복시켰다. 제단 앞으로 나와 회중의 정중앙에 높게 위치한 강단이 그 사실을 나타낸다. 이것은 참된 예배가 하나님의 말씀으로 가능하다는 믿음을 반영한 것이다. 따라서 설교는 종교개혁에서 주된 관심의 대상이었다. 고든은 이렇게 말한다.

… 설교는 개혁에 불을 붙이는 수단이었기에 강단을 통제하는 것이 초기 종교개혁의 핵심 전투였다. 제국의 루터파 지역, 남서부의 제국 도시들, 스위스 연방 전역에서, 모든 성공한 프

로테스탄트 종교개혁은 설교 문제를 다루어야 했다.[184]

그러기에 제네바 종교개혁에서도 가장 중요한 역할을 한 것은 설교였다. "설교 없이는 개혁도 없다"는 말은 독일뿐 아니라 제네바에서도 동일하게 적용되는 경구였다. 칼빈은 설교를 통해서 예배와 삶을 개혁하려 했다. 그러려면 그 자신을 포함한 제네바 목회자들이 설교의 무거운 짐을 져야만 했다. 그래서 칼빈은 제네바에서 사역할 때 주일에는 한 번 내지 두 번 설교했고, 주중에는 격주로 매일 설교했다.[185] 주중 예배는 월요일부터 토요일까지 매일 오전 6시(겨울에는 오전 7시)에 드렸다.

이처럼 교회개혁에서 설교는 핵심사항이었다. 스캇 마네치는 이러한 변화를 잘 보여준다.

> 가톨릭 교구의 사제와 신부들에게서 설교는 기대할 수 없는 (또한 그럴 자격을 갖춘 사람도 적었다) 어떤 것이었다. 수 세기에 걸쳐서 간략한 설교는 장중한 가톨릭 미사 앞에서 거의 사라질 지경이었다. 종교개혁 전의 설교는 교구의 성직자가 아니라 탁발수도사들이나 다른 특별한 인물에 의해 수행되는 것이 일반적인 관례였다. … 여기서 주목할 만한 요점은 루터와 츠빙글리

또는 칼빈 같은 개신교 지도자들이 본질적으로 기독교 설교를 주창하고 옹호했다는 것이 아니라, 그들이 하나님 말씀의 선포를 목회자의 근본적인 의무이자 설교의 수위성의 관점에서 교구생활을 재구성하는 힘으로 간주했다는 점이다.[186]

칼빈이 1540년대 내내 목회직의 개혁을 위해 힘쓴 이유가 여기 있다.

## 설교 준비

칼빈은 성경 각 권을 연속으로 설교하는 방식을 따랐다. 스캇 마네치는 칼빈을 비롯한 제네바 목사들의 설교 일정에 대해 이렇게 알려준다.

성구집에 따라 또는 교회력에 따라 성경 본문을 선택하는 대신에, 칼빈과 그의 동료들은 성경 각 권에 따라 계속해서 연속적으로 설교하는 취리히와 스트라스부르 개혁교회의 모범을 따랐다. 칼빈은 이것이 초대 교회의 전통이라고 믿었다. 주중에 그들은 구약 성경을 연속적으로 강해했다. 주일 오전에는 신약 성경을 설교했다. 주일 오후에는 신약 성경이나 시편 말씀으로 설교했다. 목사들은 때때로 성탄절 전이나 부활절 전 주간인 성주간에 이런 관례를 살짝 벗어나 예수님의 탄생과 죽음과 부활에 관련된 복음서의 본문을 선택해 설교하기도 했다.[187]

칼빈은 원고를 쓰지 않고 즉흥으로 설교했다. 고든은 그가 왜 그렇게 했는지 말해 준다.

> 그는 원고가 거의 없거나 아예 없이 설교했고, 주로 성경 한 권만 앞에 두고 설교했다. 그가 하나님의 말씀을 사람의 삶의 순간에 적용했듯이, 순전한 즉흥성이 경험의 본질적 일부이기도 했다. 또한 시간의 문제이기도 했다. 끊임없이 밀려드는 수많은 일을 감당해야 했기에, 칼뱅은 시간을 두고 설교를 준비하는 사치를 누릴 수 없었다. 그래서 즉흥 설교를 할 수밖에 없었다.[188]

그러나 이 사실은 칼빈이 설교 준비 없이 강단에 올라갔음을 의미하지 않는다. 그는 비록 원고를 쓰지 않았지만 주의 깊게 설교를 준비했다. 데커는 칼빈의 설교 준비에 대해 이렇게 말한다.

그가 설교를 준비할 때 다른 사람들의 주석을 읽었고(고대 가톨릭교회 교부들의 주석이나, 자기와 동시대의 동료 개혁자들의 주석뿐 아니라, 스콜라 철학의 배경을 가진 사람들의 주석도 읽어 보았다), 자기의 뛰어난 언어 재능과 자기의 엄청난 성경 지식을 가지고 본문에 대한 매우 세심한 분석을 해냈고, 끝내는 회중에게 그것을 어떻게 적용할지를 생각했다. 그리고 어떤 방식으로 전하면 그것을 가장 잘 전달할 수 있을지를 궁구했다. 그는 이러한 모든 생각을 일목요연하게 자기의 놀라운 기억 속에 담아놓았다.[189]

칼빈의 설교 준비에서 빼놓을 수 없는 요소는 자기가 설교하는 말씀에 복종하는 자세다. 그는 이런 자세로 설교를 준비했다. 그래서 설교할 때 회중뿐 아니라 자신에게도 설교한다는 의미로 '우리'라는 대명사를 사용했다. 칼빈은 말했다. "만일 설교자가 먼저 하나님의 말씀을 힘써 따르지 않는다면, 강단에 오르면서 목이 부러져 죽는 것이 낫다."[190]

## 설교 구성과 전달

스캇 마네치는 칼빈의 설교 구성에 대해 이렇게 말했다. "자기 앞에 놓인 구절을 절별로 따라가는 일 외에 칼빈의 설교는 감지할 수 있는 다른 설교학적 개요를 나타내지 않으며, 고전적인 수사학자들의 대중 연설의 요소를 기각한다."[191] 해롤드 데커 역시 이 같은 사실을 확인시켜 준다. "칼빈의 설교는 참된 설교체로써, 본문 자체의 구성을 제외하고는 어떠한 특별한 틀에 박힌 구성요소를 가지고 있지 않다. 어떤 체제나 어떤 멋진 개요로 요약할 수 있도록 조직된 것이 전혀 없다."[192] 그러나 이런 칼빈의 설교가 사람들에게 호소력이 있었다는 점은 분명하다. 고든은 이렇게 말한다.

> 사실상 1550년대 중반까지 그가 생피에르교회에서 아침과 오후 예배에서 설교할 때 수많은 이들이 들어찼던 것에서 알 수 있듯이, 그의 호소는 자석같이 사람을 끌어당겼고 설교는 대규모 청중을 모았다.[193]

여기에는 우리가 살펴보아야 할 몇 가지 중요한 사실이 있다. 첫째, 칼빈은 회중이 자신의 설교를 이해할 수 있도록 단순하고 명료한 문체를 사용했다. 이것은 당대의 설교자들과 비교해 볼 때 두드러진 특징이다. 파커는 이렇게 말한다.

> 칼빈과 동시대 사람들이 대개 중세 후기에 속한다면, 칼빈은 본질적으로 근대 세계의 창시자이며 그 일원이다. 이를테면 설교자로서 그를 루터나 래티머와 비교한다면, 그들 사이에는 한 세기의 간격이 있다고 할 수 있다. 그의 사고 습관은 근대적이었다. 그리고 그 사고 습관은 그의 설교에서 나타난다. 그래서 페어베언은 다음과 같이 말한다. "근대 웅변은 칼빈과 함께 시작되었다고 할 수 있고, 그의 창작이라고 할 수 있다. 중세 설교는 우스꽝스러운 형식에 매어 있었을 뿐만 아니라 전반적으로 중세의 결점인 모호함과 어색한 표현으로 훼손되었다."[194]

이 점에서 칼빈은 설교할 때 현학적인 말투를 피하고 일상어를 사용했다. 고든은 칼빈이 "지역의 방언에도 관심을 기울여, 일반적인 담화에 쓰이는 표현과 억양을 설교에 녹여 내고자 했다"[195]고 말한다. 둘째, 칼빈은 마치 하나님께서 회중에게 말씀하시듯이 진지하게 설교했다. 파커는 이렇게 말한다.

> 칼빈 설교의 특징은 긴박한 상황에 대한 깊은 이해에서 비롯

된 장중함과 진지함이다. 칼빈은 사람들이 자신의 죄에 대한 하나님의 진노로 두려워 떨거나, 하늘에서 그들의 소유가 된 구원에 이르기 위하여 모든 노력을 경주하도록 격려하고 강권해야 한다고 믿었다. 영원하신 주 하나님께서 회중에게 말씀하시는 것을 설교자가 열의를 다해 진지하게 선포하지 않을 수 없고, 이러한 일은 청중이 경외와 감사로 겸손하지 않을 수 없는 엄청난 일이다. 때때로 이런 진지함은 엄격함으로 바뀌고 심지어 분노로 표현되기도 했다.[196]

그래서 그는 강단에서 자신의 사적인 일에 대해 거의 말한 적이 없고,[197] 유머러스한 모습을 드러내는 경우도 좀처럼 없었다.[198] 셋째, 칼빈은 성경의 가르침을 청중의 삶에 적용하는 일에 노력을 기울였다. 이에 대해 고든은 이렇게 말한다. "칼뱅의 신학 개념 전체는 성경을 세상에 적용하는 데 초점이 있었다. 하나님의 말씀에 반응하지 않고 듣기만 하는 것은 무의미했다."[199] 칼빈은 회중의 영적인 필요에 부단히 관심을 기울였다. 따라서 그에게 성경 해석은 적용과 분리될 수 없는 것이었다. 스캇 마네치는 칼빈 설교의 이러한 특징을 이렇게 설명한다.

칼빈은 성경 본문이 요약되고 그 교리가 설명되었다고 해서 설교자의 임무가 끝난 것은 아니라고 본다. 왜냐하면 성경 기자들이(특별히 구약의 선지자들같이) 하나님의 진리를 청중의 마음에 깊이 새겨 넣는 거룩한 열정을 사용했던 것처럼, 기독교 설교자 역시 반드시 하나님의 백성에게 그들의 영적 유익을 위해 하나님의 말씀을 선언하고 적용해야 한다. 칼빈은 "만일 교리가 권고와 권면으로 보충되지 않는다면 메마른 것이 되어 마음을 관통하지 못할 것입니다"라고 말한 바 있다. 또 다른 설교에서 칼빈은 다음과 같이 말한다. "[설교자들]에게 요구되는 두 가지 사항이 있습니다. 첫째, 그들의 구원을 위해 요구되는 것을 신자들에게 훌륭하고 순수하게 설명하는 것입니다. 그리고 그다음에 교리가 신자의 마음을 만지고 활력을 주기 위해 여기에 합당한 열정을 더하는 것입니다." 가르침과 권고는 "반드시 함께 가야 하고 절대로 분리되어서는 안 됩니다."[200]

## 성령의 내적 증언

워필드는 칼빈이 신학자로서 기여한 주된 내용을 이렇게 말한다. "칼뱅이 구체적으로 했던 일은 하나님을 아는 확실한 지식의 유일한 원천과 구원을 가져다주는 유일한 기관으로서 교회가 차지했던 자리를 성령으로 대체한 것이다." 그래서 그는 "성령에 관한 교리는 교회의 역사 속에서 그의 손에 의해 처음으로 정당한 권리를 얻게 되었다"고 말하면서 칼빈을 '성령의 신학자'라고 부르기를 주저하지 않는다.[201] 이 점은 성례뿐 아니라 설교에 대한 칼빈의 독특한 관점을 이해하는 데 중요하다. 해롤드 데커는 설교에 대한 칼빈의 관점을 이렇게 설명한다.

> 칼빈은, 설교자가 설교하는 동안 성령께서 계속 감동할 여지가 있어야 함을 확고히 믿고 있었다. 물론 루터가 나간 데까지 가지는 않았다. 루터는 설교자가 전하는 말씀은 기록된 성경 말씀과 사실상 동등하다고 주장했다. 또한 칼빈은 쯔빙글리나 재침례파 사람들의 관점을 받아들이지도 않았다. 그 사람들은 설교를 그리스도를 가리키는 하나의 표로만 보았다. 그는 한편으로는 성경이 독특하게 영감되었고, 기록된 형태로 객관적으로 주어진 하나님의 말씀이며, 설교는 기록된 말씀을 풀어 해석하는 것으로써의 권위만 가지고 있다는 입장을 취하면서도, 또 한편으로는 성령께서 설교자와 청중을 다 감동하실 때만이 설교가 구속적인 효과를 가진다는 중간적인 입장을 취하

고 있었다.²⁰²

루터의 주장은 성령이 말씀 안에 내재되어 있어서 말씀이 있는 곳에만 성령이 전달된다는 것이다. 반면 츠빙글리나 재세례파 사람들의 주장은 성령이 계신 곳에는 말씀이 본질적으로 함께 존재한다는 것이다. 그에 비해 칼빈은 말씀과 성령이 구별되지만 분리될 수 없는 것으로 보았다. 인간은 죄로 인해 하나님을 알 수 없다. 그러나 하나님은 택하신 자들이 성경에 담긴 객관적 계시와 성령의 주관적 증언을 통해 하나님을 알 수 있게 하셨다. 그래서 워필드는 칼빈의 주장대로 "성령의 사역은 본질상 계시가 아니라 성경에 이미 담긴 계시를 다시금 확증하는 것"이라고 말한다.²⁰³ 따라서 칼빈이 볼 때 하나님의 말씀이 설교를 통해 효과적으로 전달되기 위해서는 성령의 내적 증언이 결정적으로 중요하다. 그는 『기독교강요』에서 이렇게 말한다.

> 그럼에도 불구하고 나는 성령의 증언이 모든 이성보다 더욱 뛰어나다고 응수한다. 왜냐하면 하나님 홀로 자기의 말씀 안에서 자기 자신에 대한 합당한 증인이 되시듯이, 또한 사람들의 마음이 성령의 내적 증언으로 인침을 받기 전에는 그 마음속에

서 말씀에 대한 믿음을 찾을 수 없기 때문이다. 그리하여 선지자들의 입을 통하여 말씀하신 동일한 성령이 우리의 마음을 뚫고 들어와 하늘로부터 명령된 것이 충실히 표현되도록 감화하셔야 한다.[204]

이런 점에서 해롤드 데커는 칼빈의 설교방식을 이런 말로 요약한다.

> 칼빈은, 설교와 성례가 기록된 말씀에 의존해야 하나, 둘 다 성령의 은혜로운 임재로 보충받을 때만 실제적인 은혜의 방편이라고 생각했다. … 살아 있는 말씀으로 설교를 전해야 한다는 것이 그의 지론이었다. 설교자는 반드시 설교를 전하는 바로 그 순간까지 유순한 성령의 도구로 있어야 한다고 그는 주장했다.[205]

이처럼 칼빈의 설교방식은 하나님께서 설교를 통해 청중에게 말씀하신다는 확신에 따른 것이다. 따라서 그에게는 강단에서 성령께 의지하는 것이 무엇보다 중요했다.

# 4

## 목양

### 예배, 성찬, 회중 찬송

칼빈은 『종교개혁의 필요성에 관하여』에서 이렇게 말했다.

하나님께서는 구원의 길을 발견케 하시려고 횃불을 주셨고 루터를 세우셨습니다. 헌데 그 같은 역사로 말미암아 우리의 기초를 세우시고, 또한 그 밖의 다른 사람들을 세우셨을 때 '종교의 진리, 순수하고 합법적인 하나님께 대한 예배, 인간의 구원에 관한 교리의 주요 부분이 이미 거의 다 파괴되어 있었다'고 우리는 주장합니다.[206]

따라서 진정한 예배야말로 교회 개혁의 핵심 요소였다. 칼빈은 1542년 발간한 『기도와 교회 찬송 양식』을 통해 예배 개혁의 방향을 제시했다. 서문에서 그는 세 가지를 언급했다. 예배는 회중의 언어로 드려야 하며, 보이는 말씀으로서 성찬에는 설명이 있어야 하고,[207] 회중이 부르는 찬송이 있어야 한다는 것 등이다.

칼빈은 성령께서 하나님의 말씀을 통하여 그리스도인의 마음에 믿음을 불러일으키실 때, 비로소 참된 예배가 가능하다고 믿었다. 그 결과 인간의 상상력으로 고안된 가톨릭의 의식을 철저히 배격하고 성경이 규정한 형식을 따랐다. 스캇 마네치는 칼빈 당시의 예배 순서를 이렇게 정리해 준다.

첫 번째 시편찬송을 부른 후 목사가 강단에 서서 간단한 말씀("우리의 도움은 하나님의 이름에 있습니다")으로 회중을 예배로 부르며, 이후 짧은 회개와 고백의 기도로 초청하는 권면의 말씀을 전한다. 그리고 나면 회중은 두 번째 시편찬송을 부른다. 다음으로 목사는 하나님의 말씀을 통해 하나님이 영광을 받으시고 교회가 훈육되게 해달라는 조명(illumination)을 위한 기도를 올린다. … 조명을 위한 기도가 끝나면 목사는 큰 소리로 성경을 프랑스어로 읽고 설교하기 시작한다. 칼빈 시대의 제네바에서 일반적으로 주일 설교는 약 45분이나 그보다 좀 더 길게 진행되었다. 설교의 결론부에 칼빈은 종종 적용을 위한 즉흥적인 간략한 기도를 포함시켰고, 이 기도에서 칼빈은 하나님의 위대하심과 인간의 유약함을 인정하고 하나님의 말씀에 기꺼이 복종하겠다는 회중의 자원하는 마음을 표현했다. … 설교와 간략한 적용의 기도를 마친 후에 목사는 즉시 이 세상의 통치자들과 기독교 목회자들, 복음의 진보와 확장, 박해받는 교회를 위한 위로와 하나님 백성의 보호와 영적 갱신을 위한 긴 중재기도를 올린다. 이 기도는 주기도문으로 끝을 맺는다. 이후 모든 회중이 사도신경을 고백하고 마지막 시편찬송을 부른다. … 주일 예배는 목사가 올리는 아론의 축복 기도와 함께 폐회된다("주 여호와께서 복을 내려주시고 지켜주시기를…"). 회중이 줄지어 교회당을 나갈 때 목회자는 회중이 교회당 문 앞에 있는 헌금함에 헌금과 구제금을 넣을 것을 독려한다.[208]

칼빈에게 성찬은 그것이 갖는 목회적 이유 때문에 매우 중요했다. 그는 1537년에 성찬을 매 주일 시행하도록 제안했지만, 시의회는 1년에 네 차례로 조정했다. 성찬의 중요성은 그가 말한 성찬 제정의 이유 가운데 잘 나타난다.

이는 우선 복음에 담긴 약속 가운데 우리가 그의 몸과 피에 대한 참여자가 되리라는 것과 관련된 약속을 우리의 양심 속에 표시하고 인치기 위함이요, 성찬 안에 우리의 참된 영적 양식이 있다는 확실성과 보증을 주어, 우리가 진지함을 갖고 참여할 때 구원에 대한 올바른 확신을 누리기 위함이다. 둘째로 이는 우리를 부추겨 우리에게 향한 그의 크신 자비를 알게 하사 그를 보다 온전히 찬양하고 찬미하게 하기 위함이다. 셋째로 이는 우리를 권면하사, 우리가 예수 그리스도의 지체임을 알고 모든 성결과 순결에 힘쓰되, 우리에게 특별하게 부탁하신 하나 됨과 형제애를 이루는 데 힘쓰게 하기 위함이다.[209]

칼빈은 당시 프로테스탄트 진영의 심각한 분열을 초래한 성찬에 대한 논쟁 속에서 자신만의 독특한 입장을 형성했다. 스캇 마네치는 그 내용을 이렇게 설명한다.

성찬에 대한 칼빈의 교리는 '참된 영적 실재' 또는 '상징적 방편' 등과 같이 다양하게 묘사되었다. 떡과 포도주라는 성례적 표지와 함께 그리스도의 은덕이 단순히 표시되는 것이 아니라 신자들이 그리스도의 몸에 진실로 참여할 수 있도록 신자들에게 주어진다. 그리스도의 몸은 축성된 떡과 포도주에 장소적으로 임재하지 않는다. 도리어 칼빈의 견해에 따르면, 그리스도는 신체적으로 하늘에 계시며 바로 거기서 신자들은 그의 생명을 주시는 본질을 공급받으며 성령의 사역을 통해 그리스도와 연합된다.[210]

또 회중 찬송은 이미 1537년에 교회개혁의 방안으로 제시되었다. 이것은 칼빈이 스트라스부르에서 목회할 때 부처의 예전을 따라 시행한 것이기도 하다. 이처럼 칼빈은 제네바에서도 오르간을 사용하지 않는 시편 찬송을 예배에 도입했다. 고든은 이에 대해 이렇게 말한다.

찬송은 시편을 제창했는데, 이는 제네바 및 이후 프랑스 프로테스탄트 영성을 규정짓는 예배 형식이었다. 음악은 스트라스부르 및 바젤과는 같았지만 취리히와는 다른 부분이었는데, 제네바 예배에서는 필수 요소이자 거룩한 자들의 세계로 가는 통로였기에, 생피에르교회와 생제르베교회에서는 선창자를 임명했다. 칼뱅은 부모들에게 접근하는 수단으로, 아이들에게 시편 노래하는 법을 가르칠 계획을 세웠다.[211]

칼빈은 음악이 사람의 마음에 어떤 영향을 끼칠 수 있는지 알고 있었다. 파커는 이에 대해 칼빈의 말을 전해 준다.

> 인간을 즐겁게 하고 기쁨을 주는 것 가운데 음악이 가장 뛰어나거나, 아니면 적어도 주요한 것들 중 하나다. 따라서 우리는 그것을 이렇게 사용하도록 하나님이 주신 선물로 간주해야 한다. … 플라톤이 현명하게 생각했듯이 인간의 길을 이런저런 방향으로 바꾸거나 움직일 수 있는 것은 세상에 거의 없다. 그러나 사실상 우리는 그것(음악)이 마음을 이리저리 움직일 수 있는 놀라운 비밀과 신비한 능력을 가지고 있음을 체험하고 있다.[212]

## 교리문답

칼빈은 "하나님의 교회는 절대로 교리문답 없이 그 자체로 보존될 수 없다"[213]고 말했다. 이에 따라 칼빈은 1537년에 『교회 조직에 대한 조항들』에서 제안한 대로 어린이의 신앙교육을 위한 『교리문답』을 만들었다. 이것은 칼빈이 제네바로 복귀할 때 조건으로 내건 것이다. 그래서 1541년에 두 번째 교리문답이 나왔는데, 첫 교리문답과 비교하면 몇 가지 차이가 있다. 우선 분량이 많이 늘어났고(373개 항목), 질문하고 대답하는 형식으로 바뀌었으며, 십계명에 앞서 사도신경을 다룬(이것은 십계명이 그리스도인을 위한 삶의 법칙이라는 점을 분명하게 하기 위한 것이다) 점 등이다. 이러한 교리문답 교육은 교회뿐 아니라 가정과 학교에서도 실행되었다. 또 성인에게도 교리문답 교육이 제공되었다. 이러한 신앙교육은 개인적일 뿐 아니라 공적으로도 진행되었다. 스캇 마네치는 "정규 예배의 설교 외에도 목회자들은 성인에게 주일 정오 시간에 진행되는 교리문답 설교에 참석하는 보충적 신앙교육의 필요성을 요구했다"[214]고 말한다.

## 심방

칼빈은 1542년에 발간한 『기도와 교회 찬송 양식』에서 이렇게 말한다. "참되고 신실한 목사의 직무는 목사로서 수행하도록 임명받은 것으로서, 백성을 공적으로 가르치는 것뿐 아니라 할 수만 있으면 각 사람을 개인적으로 권면하고 가르치고 경고하고 위로해야 한다."[215] 따라서 그가 보기에 심방은 이런 목사의 직무를 수행하기 위해 필수적인 것이었다. 칼빈은 개혁주의 목사들이 심방을 통해서 목회적 필요를 채움으로써 가톨릭의 고해성사를 대체할 수 있다고 보았다.

그러기에 칼빈 자신도 심방에 힘썼다. 이에 대해 베자는 이렇게 말한다. "그는 매일 매일의 사역에서 해결해야 할 무수한 문제는 말할 것도 없고, 물질적인 도움이 필요한 사람들을 심방할 때처럼 환자를 심방하는 데도 최선을 다했습니다."[216] 제네바 시의회는 칼빈의 호소로 제네바 외곽의 성도들을 위한 심방 규칙을 채택했고, 이 내용은 1561년 『교회법』 개정판에 포함되었다. 이에 따르면, 제네바 목사들은 매년 부활절 바로 전에 교구의 모든 가정을 방문해야 했다. 이와 함께 필요에 따라 권징을 받거나 사고나 가난으로 고통당하는 교구민을 심방해야 했다. 여기에는 구치소를 방문해 죄수를 권면하고 위로하는 일도 포함되었다.

## 권징

권징에 대한 칼빈의 믿음은 그가 생각하는 교회의 개념에 근거한 것이다. 이에 대해 스캇 마네치는 이렇게 설명한다.

> … 1541년 9월에 칼빈의 제네바 귀환은 … 종교개혁자 칼빈에게 자신이 스트라스부르에 체류하고 있을 때 구체화되었고

마르틴 부처와 요한네스 외콜람파디우스의 영향을 받은 교회의 신학적 개념을 현실에 접목할 독특한 기회를 제공했다. 이 개념의 한 가지 중요한 특징은 교회가 반드시 하나님의 말씀을 자유롭게 선포할 권위를 소유할 뿐 아니라, 바른 교훈 받기를 거부하거나 악한 행동에서부터 돌아오기를 거부하는 회원을 위한 영적 징계와 교정을 제공할 권위를 소유한다는 칼빈의 확신이었다. 칼빈은 목사와 장로가 수행하는 교회 권징의 실행이 기독교 공동체의 복지를 위해 본질적인 것이라고 굳게 믿었다. … 칼빈에게 참된 교회 개혁은 하나님의 백성이 교리와 개인적 행실에서 개혁되는 것이었다.[217]

그래서 칼빈은 1541년 제정된 『교회법』에 따라 콩시스투아르라는 종교법원을 설립했다. 이 시도는 많은 저항에 부딪혔으나, 결국에는 칼빈의 의도대로 시행되었다. 이것은 권징에 대한 교회의 권위가 인정받은 것으로서 역사적 의의를 갖는다.

하지만 제네바에서 독특했던 점은 도시 교회로 하여금 교회적 권징 사안에 대한 교회의 전적인 통제와 출교의 권리를 얻도록 승인한 1555년 칼빈의 놀라운 '승리'로 말미암아 스트라스부르, 바젤, 베른, 취리히 같은 개혁주의 도시에 의해 실행되었던 국가 권력의 통제에 의한 교회 모델과 결별했다는 점이었다.[218]

권징의 목적은 성찬을 더럽히지 않고, 악인의 영향으로부터 그리스도인을 보호하며, 죄인의 회개를 촉구하는 것이었다. 이것은 권징이 목회적 돌봄의 일부라는 사실을 보여준다. 권징의 단계로는 책망과 권면, 공개적인 고백과 배상, 수찬 정지나 성직 정지 같은 경미한 견책, 더 중한 견책 등이 있었다.

Summary<br>요약

오늘날 칼빈은 주로 종교개혁의 신학자요 저술가요 사상가로 알려져 있다. 그러나 그의 삶을 살펴보면 무엇보다 설교자요 목사였다는 점이 명확해진다. 다양한 분야에 미친 그의 영향력은 생피에르교회의 목회자로서 그의 설교와 목양에서 나온 것이다. 이런 점에서 칼빈의 설교와 목양을 살펴보는 일은 매우 중요하다. 그의 설교와 목양은 철저하게 성경에 근거한 것이었다. 하나님의 말씀으로서 성경에 대한 그의 헌신은 그의 삶과 사역의 원동력이었다. 그는 하나님이 성령을 통해 성경에서 말씀하시는 것을 듣고 전하는 일에 집중했다. 이와 함께 삶의 모든 영역에서 하나님의 말씀을 사람들에게 적용하는 목회적 돌봄에 헌신했다. 그 결과 그의 설교와 목양에는 풍성한 열매가 나타났다. 이 점에서 그는 실용주의 목회를 추구하는 현대의 목회자들에게 경종을 울린다. 우리는 칼빈이 남겨준 실제적이고도 풍성한 목회적 유산에 다시금 주의를 기울일 필요가 있다. 그럴 때 칼빈처럼 오직 하나님의 영광을 위하는 목회자로 견고하게 설 수 있을 것이다.

# 주

1   Iain H. Murray, *J. C. Ryle: Prepared to Stand Alone*, 『J. C. 라일』, 정상윤 역(서울: 복있는사람, 2018), pp.117-118.

2   Iain H. Murray, *John MacArthur: Servant of the Word and Flock*, 『존 맥아더의 설교와 목양』, 이서용 역(서울: 아가페, 2024), p.43.

3   John MacArthur, *Ashamed of the Gospel*, 『복음을 부끄러워하는 교회』, 황성철 역(서울: 생명의말씀사, 2010), p.322. 이와 관련해 포웰의 말은 참고할 만하다. "… 세 구절은 특별히 말씀의 성장(흥왕함)을 말하고 있는데(6:7; 12:24; 19:20) 그 말씀의 성장 안에 교회의 성장이 있는 것으로 보인다." Mark A. Powell, *What are they saying about Acts?*, 『사도행전 신학』, 이운연 역(서울: 기독교문서선교회, 2000), p.110.

4   John MacArthur, "Why I Still Preach the Bible after Forty Years of Ministry," in *Preaching the Cross*, eds., Mark Dever, J. Ligon Ducan III, R. Albert Mohler Jr., and C. J. Mahaney, 『십자가를 설교하라』, 이심주 역(서울: 부흥과 개혁사, 2009), p.200.

5   J. C. Ryle, *Knots Untied* (Edinburgh: Banner of Truth, 2016), 4.

6   J. C. Ryle, *Old Paths*, 『옛 길』, 박영호 역(서울: 기독교문서선교회, 2012), p.14.

7   Kenneth Brownell, *John Calvin: Geneva's Minister Whose Thinking Changed the World*, 『존 칼빈과 떠나는 여행: 신학으로 세상을 변화시킨 제네바의 목회자』, 김희정 역(서울: 부흥과개혁사, 2011), p.84.

8   Ioannes Calvinus, *Institutio christianae religionis*, 『기독교 강요』 4권, 문병호

역(서울: 생명의말씀사, 2020), p.285.

9   John MacArthur, "What Is a Pastor to Be and Do?," in *Rediscovering Pastoral Ministry*, eds., John MacArthur and The Master's Seminary Faculty, 『목회 사역의 재발견』, 서원교 역(서울: 생명의말씀사, 1997), p.56. 이와 관련해 그는 리처드 백스터의 말을 인용한다(p.57). "정말로 믿는 바를 전하는 설교자는 설교한 대로 행동할 것입니다. 한 번의 교만이, 한 번의 거만한 말이, 한 번의 쓸데없는 싸움이, 한 번의 탐욕스러운 행동이 많은 설교의 숨통을 끊어놓을 수 있고, 여러분이 지금까지 행해 온 모든 사역의 결실을 날려 버릴 수 있습니다."

10  John MacArthur, "Certainties That Drives Enduring Ministry," in *Stand*, ed., Justin Taylor, 『믿음으로 굳게 서라』, 전의우 역(서울: 생명의말씀사, 2009), p.103.

11  Murray, 『존 맥아더의 설교와 목양』, p.270에서 재인용.

12  Murray, 『존 맥아더의 설교와 목양』, p.21에서 재인용.

13  John MacArthur, *Fool's gold?* (Wheaton, IL: Crossway Books, 2005), 37-38.

14  Murray, 『존 맥아더의 설교와 목양』, p.20.

15  Murray, 『존 맥아더의 설교와 목양』, p.27에서 재인용.

16  Murray, 『존 맥아더의 설교와 목양』, p.36에서 재인용.

17  Murray, 『존 맥아더의 설교와 목양』, p.51에서 재인용.

18  John MacArthur, *The Master's Plan for the Church*, 『하나님이 계획하신 교회』, 조계광 역(서울; 생명의말씀사, 2009), p.15.

19  MacArthur, 『복음을 부끄러워하는 교회』, p.294.

20  MacArthur, "Certainties That Drives Enduring Ministry," 133.

21　MacArthur, "Certainties That Drives Enduring Ministry," 102.

22　Murray, 『존 맥아더의 설교와 목양』, p.204에서 재인용.

23　Murray, 『존 맥아더의 설교와 목양』, pp.89-91.

24　John MacArthur, *The Gospel According to Jesus*, 『구원 얻는 믿음이란 무엇인가』, 박성호 역(서울: 여수룬, 1989), p.27.

25　MacArthur, 『복음을 부끄러워하는 교회』, pp.10-11.

26　성경의 무오성은 성경의 권위와 직결되는 문제다. 이와 관련하여 맥아더는 역사적으로 성경의 권위를 거부한 여섯 가지 오류로서 로마 가톨릭주의, 성경 고등 비평, 현대 사이비종교, 오순절주의, 임상 심리학, 시장 지향적인 교회성장 전략을 든다. 여기에 대해서는 John MacArthur, "Introduction: Why a Book on Biblical Inerrancy Is Necessary," in *The Inerrant Word*, ed., John MacArthur, 『성경 무오성에 대한 도전에 답하다』, 조계광 역(서울: 생명의말씀사, 2017), pp.14-18을 참고하라.

27　John MacArthur, "The Mandate of Biblical Inerrancy: Expository Preaching," in *Rediscovering Expository Preaching*, eds., John MacArthur and The Master's Seminary Faculty, 『강해 설교의 재발견』, 김동완 역(서울: 생명의말씀사, 1993), p.53.

28　MacArthur, 『목회 사역의 재발견』, p.381.

29　MacArthur, "The Mandate of Biblical Inerrancy," 54.

30　Phil Johnson, "A Brief Account of John MacArthur's Public Ministry," *MSJ* 22/1 (Spring 2011): 9.

31　John MacArthur, "Faithfully Proclaim the Truth," in *Communicate with Power: Insights from America's Top Communicators*, ed., Michael Duduit (Grand Rapids: Baker Books, 1996), 122-123. 여기에 대한 더 자세한 설명은 『강해 설교의 재발견』, pp.312-316을 참조하라.

32  Byron Forrest Yawn, *Well-Driven Nails: The Power of Finding Your Own Voice*, 『자기 목소리로 설교하라』, 전의우 역(서울: 성서유니온선교회, 2012), p.83.

33  Yawn, 『자기 목소리로 설교하라』, p.85.

34  MacArthur, 『강해 설교의 재발견』, p.454에서 재인용.

35  MacArthur, 『강해 설교의 재발견』, p.163.

36  MacArthur, 『강해 설교의 재발견』, p.171. 이와 관련하여 맥아더가 인용한 아담스(Jay E. Adams)의 말(p.301)은 참고할 필요가 있다. "나의 요점은 훌륭한 설교는 노력이 필요하다는 것이다. 설교를 들어보고 또 설교에 관해 수많은 설교자와 이야기해 본 결과 나는 형편없는 설교의 근본적인 이유는 설교 준비에 충분한 시간과 에너지를 쏟지 않은 것임을 확신하게 되었다. 많은 설교자가 (아마도 대부분이) 설교 준비를 충분히 하지 않는다." 맥아더는 "심혈을 기울여 설교를 준비하지 않는 사람은 강단에 서지 말아야 한다"고 말한다. MacArthur, 『목회 사역의 재발견』, p.391.

37  Yawn, 『자기 목소리로 설교하라』, pp.87-88.

38  MacArthur, "Faithfully Proclaim the Truth," 120-121.

39  MacArthur, 『강해 설교의 재발견』, pp.402-403.

40  MacArthur, 『강해 설교의 재발견』, p.402.

41  MacArthur, 『강해 설교의 재발견』, p.418.

42  Yawn, 『자기 목소리로 설교하라』, p.91.

43  MacArthur, 『강해 설교의 재발견』, p.314.

44  MacArthur, 『강해 설교의 재발견』, p.404.

45  MacArthur, 『강해 설교의 재발견』, p.444.

46   MacArthur, 『강해 설교의 재발견』, p.449.

47   MacArthur, 『강해 설교의 재발견』, p.467.

48   MacArthur, 『강해 설교의 재발견』, p.451에서 재인용.

49   MacArthur, 『강해 설교의 재발견』, p.417.

50   Iain H. Murray, *Seven Leaders: Preachers and Pastors* (Edinburgh: Banner of Truth, 2017), 221.

51   Murray, 『존 맥아더의 설교와 목양』, p.82.

52   MacArthur, 『강해 설교의 재발견』, p.452.

53   MacArthur, 『강해 설교의 재발견』, p.453.

54   John MacArthur, *Remaining Faithful in Ministry: 9 Essential Convictions for Every Pastor*, 『목회, 흔들림 없이 신실하게: 사역의 길을 지키는 9가지 원리』, 김진선 역(서울: 디모데, 2020), p.13.

55   John MacArthur, *For the Love of the Church*, 『이것이 참된 목회자상이다』, 송용필 역(서울: 나침반, 1987), p.34.

56   MacArthur, "Why I Still Preach the Bible after Forty Years of Ministry," 219.

57   MacArthur, 『복음을 부끄러워하는 교회』, pp.281-282. 머레이는 맥아더의 이 견해가 이전과 비교해서 달라진 것임을 지적한다. 그가 1972년 6월 《무디 월간지》와 인터뷰한 기사에는 이런 대목이 나온다. "맥아더는, 깊이 있으면서도 실제적인 말씀 설교를 강조하고 교인들이 영적 은사를 계발하고 사용하도록 돕는 목회자라면 누구나 같은 결과를 누릴 것이라고 믿는다." Murray, 『존 맥아더의 설교와 목양』, p.57에서 재인용.

58   John MacArthur, *Worship: The Ultimate Priority*, 『예배』, 유정희 역(서울: 아가페, 2013), pp.4-5.

59　MacArthur, 『예배』, pp.209-210.

60　MacArthur, 『예배』, p.215.

61　MacArthur, 『예배』, p.220.

62　MacArthur, 『예배』, p.221.

63　MacArthur, 『예배』, pp.38-39.

64　개혁 교회와 달리, 루터교회와 영국 국교회는 성경이 교리에 대해서만 권위를 가질 뿐 교회정치와 예배에 대해서는 그렇지 않다고 본다. 따라서 그들은 '표준 원리'(normative principle, 성경에서 금하지 아니하는 것은 무엇이든 허용하는 견해)를 주장한다.

65　MacArthur, 『예배』, pp.5-6.

66　여기에 대해서는 John MacArthur, *The Church-The Body of Christ*, 『그리스도의 몸된 교회』, 이춘이 역(서울: 생명의말씀사, 1986), pp.224-239를 참조하라.

67　MacArthur, 『하나님이 계획하신 교회』, pp.144-145.

68　John MacArthur, "Rediscovering Biblical Counseling," in *Introduction to Biblical Counseling*, eds., John MacArthur and Wayne Mack with The Master's College Faculty, 『상담론』, 안경승 역(서울: 부흥과개혁사, 2010), p.41.

69　MacArthur, "Rediscovering Biblical Counseling," 41-42.

70　MacArthur, 『상담론』, pp.383-384.

71　MacArthur, 『상담론』, pp.399-400.

72　MacArthur, 『하나님이 계획하신 교회』, p.7.

73　MacArthur, 『하나님이 계획하신 교회』, p.10.

74 MacArthur, 『하나님이 계획하신 교회』, p.264.

75 John MacArthur, *Truth Endures: Landmark Sermons from Forty Years of Unleashing God's Truth One Verse at a Time*, 『최고의 설교』, 이지혜 역(서울: 국제제자훈련원, 2012), p.334.

76 MacArthur, 『하나님이 계획하신 교회』, p.216.

77 John MacArthur, Jr., "Preaching and Biblical Counseling," in *Onward, Christian Soldiers: Protestants Affirm the Church*, ed., Don Kistler, 『솔라 에클레시아-프로테스탄트 교회관』, 조계광 역(서울: 생명의말씀사, 2001), p.34.

78 John MacArthur, *Reckless Faith*, 『무모한 신앙과 영적 분별력』, 안보헌 역(서울: 생명의말씀사, 1997), p.80.

79 Murray, 『존 맥아더의 설교와 목양』, p.55에서 재인용.

80 Murray, 『J. C. 라일』, pp.10-11.

81 Arnold Dallimore, *Spurgeon: A New Biography*, 『찰스 스펄전』, 전의우 역(서울: 복있는사람, 2017), p.14.

82 Murray, 『J. C. 라일』, p.11.

83 J. C. Ryle, *Holiness*, 『거룩』, 장호준 역(서울: 복있는사람, 2009), p.10.

84 J. I. Packer, *Faithfulness and Holiness* (Wheaton, IL: Crossway, 2002), 14.

85 Packer, *Faithfulness and Holiness*, 82.

86 J. C. Ryle, *Knots Untied*, 『오직 한 길』, 박영호 역(서울: 기독교문서선교회, 2013), pp.21-22. 참고로, 고교회파는 가톨릭 교회의 권위와 예배의식을 존중하는 교회를 말하고, 광교회파는 자유주의 신학의 영향을 받은 교회를 말한다.

87 Ryle, 『오직 한 길』, p.49.

88 Packer, *Faithfulness and Holiness*, 33.

89 Eric Russel, *J. C. Ryle: That Man of Granite with the Heart of a Child* (Fearn, UK: Christian Focus, 2001), 18.

90 Russel, *J. C. Ryle*, 33-34에서 재인용.

91 Murray, 『J. C. 라일』, pp.81-82.

92 Russel, *J. C. Ryle*, 40에서 재인용.

93 Murray, 『J. C. 라일』, p.125.

94 Russel, *J. C. Ryle*, 79에서 재인용.

95 Russel, *J. C. Ryle*, 52.

96 Murray, 『J. C. 라일』, p.145에서 재인용.

97 Lee Gatiss, "Bishop J. C. Ryle 1816-1900," *Writing* 130 (2017): 5-6.

98 Murray, 『J. C. 라일』, p.202. 이와 함께 머레이는 "라일은 일찍부터 탁월한 그리스도인의 전기에 주의를 환기시키는 것이야말로 그들이 대변하는 신앙에 관심을 갖게 하는 방법이라고 생각했다"고 말한다(p.146).

99 Bennett W. Rogers, *A Tender Lion: The Life, Ministry, and Message of J. C. Ryle* (Grand Rapids, MI: Reformation Heritage Books, 2019), 168.

100 J. C. Ryle, *No Uncertain Sound*, 『바른 길』, 박영호 역(서울: 기독교문서선교회, 2013), pp.91-92. 로저스는 라일이 1881년과 1883년 그리고 1886년 이후 거의 모든 연설에서 이 교리적 기독교의 쇠퇴를 논했다고 말한다. Rogers, *A Tender Lion*, 294-295.

101 Russel, *J. C. Ryle*, 65.

102 Ryle, 『바른 길』, p.93.

103　Ryle, 『바른 길』, p.95.

104　Murray, 『J. C. 라일』, p.340에서 재인용.

105　Ryle, 『바른 길』, p.101. 그러나 그는 교리와 관련해 두 가지를 경고했다. "한편으로, 나는 소위 연합이라는 명목 하에 교리를 희생시키고, 평화와 협력이라는 이름으로 분명한 교리를 포기하려는 경향에 대해 경고합니다. … 다른 한편으로, 나는 구원과 무관한 것에 대해 교리적이 되고, 성경이 침묵하는 내용에 대해 적극적으로 나서며, 하나님이 정죄하지 않는 자를 비난하고 정죄하며, 복음의 진리나 중요한 내용이 아닌 사소한 문제를 중요시하는 경향에 대해 경고합니다."(pp.103, 105).

106　Rogers, *A Tender Lion*, 45-46.

107　Murray, 『J. C. 라일』, p.139.

108　Rogers, *A Tender Lion*, 39.

109　Russel, *J. C. Ryle*, 46.

110　J. C. Ryle, *The Upper Room*, 『선한 길』, 박영호 역(서울: CLC, 2013), p.59.

111　Rogers, *A Tender Lion*, 43.

112　Rogers, *A Tender Lion*, 44.

113　Ryle, 『선한 길』, pp.48-49. 스펄전도 같은 사실을 강조한 점에 주목하라. "설교에서는 모든 것이 각기 제자리가 있습니다. 진리가 아무렇게나 마구 쏟아져 나오도록 해서는 절대로 안 됩니다. 여러분의 생각이 마치 폭도들처럼 마구 돌진하게 하지 마십시오. 가지런히 정렬된 군대처럼 행진하도록 만들어야 합니다. C. H. Spurgeon, *Lectures to My Students*, 『목회자 후보생들에게』, 원광연 역(고양: 크리스챤다이제스트, 2009), p.121.

114　Russel, *J. C. Ryle*, 61.

115　Ryle, 『선한 길』, p.49.

116  Russel, *J. C. Ryle*, 119에서 재인용.

117  그는 이렇게 말한 적이 있다. "목회자는 설교를 절대적으로 우선시해야 합니다. 목회자는 교장이나 빈민 구제관이나 의사로 임명된 자가 아니요 말씀을 전하도록 임명된 자입니다." Murray, 『J. C. 라일』, p.138에서 재인용.

118  Russel, *J. C. Ryle*, 42.

119  Russel, *J. C. Ryle*, 60에서 재인용.

120  Ryle, 『선한 길』, p.42.

121  Rogers, *A Tender Lion*, 39.

122  Murray, 『J. C. 라일』, p.100에서 재인용.

123  여기에 대해서는 Rogers, *A Tender Lion*, 39-45를 참고하라.

124  Rogers, *A Tender Lion*, 39.

125  Ryle, 『선한 길』, p.42.

126  Russel, *J. C. Ryle*, 59.

127  Rogers, *A Tender Lion*, 55.

128  Alan Munden, *Travel with Bishop J. C. Ryle: Prince of Tract Writers* (Leominster: Day One, 2012), 57.

129  Ryle, 『선한 길』, p.56.

130  Ryle, 『선한 길』, p.57.

131  Ryle, 『선한 길』, p.62.

132  Murray, 『J. C. 라일』, p.290에서 재인용.

133  Russel, *J. C. Ryle*, 63에서 재인용.

134  J. C. Ryle, *Practical Religion*, 『믿음으로 살라』, 장호준 역(서울: 복있는사람, 2013), pp.117-118.

135  Murray, 『J. C. 라일』, p.126에서 재인용.

136  Ryle, 『옛 길』, pp.100-101.

137  Packer, *Faithfulness and Holiness*, 37.

138  Murray, 『J. C. 라일』, p.200.

139  Murray, 『J. C. 라일』, p.101.

140  Russel, *J. C. Ryle*, 51.

141  Russel, *J. C. Ryle*, 89.

142  Murray, 『J. C. 라일』, p.200에서 재인용.

143  Murray, 『J. C. 라일』, p.200.

144  머레이는 라일이 소책자를 쓰게 된 것과 관련하여 "그의 주된 목적은 복음적이고 목회적인 데 있었다"고 말한다. Murray, 『J. C. 라일』, p.133.

145  Rogers, *A Tender Lion*, 60.

146  Murray, 『J. C. 라일』, p.97에서 재인용.

147  Murray, 『J. C. 라일』, p.139.

148  J. C. Ryle, *Ryle's Expository Thoughts on the Gospel of St. Matthew*, 『존 라일 사복음서 강해: 마태복음』, 지상우 역(서울: 기독교문서선교회, 2008), pp.9-10.

149  찬송에 대한 라일의 견해를 가장 철저하게 다룬 글은 Rogers, *A Tender Lion*, 72-87에서 볼 수 있다.

150  Russel, *J. C. Ryle*, 90.

151 J. C. Ryle, Christian Leaders of the Eighteenth Century (Edinburgh: Banner of Truth, 2017), 360.

152 Murray, 『J. C. 라일』, p.162에서 재인용.

153 라일이 출간한 어린이를 위한 설교와 설교집은 Rogers, *A Tender Lion*, 45에 있는 각주 32를 참조하라.

154 Rogers, *A Tender Lion*, 284.

155 Ryle, 『바른 길』, pp.45-46.

156 Ryle, 『바른 길』, p.121.

157 Ryle, *Holiness*, 307-309.

158 Harold Dekker, "Introduction," in *Sermons from Job*, 『칼빈의 욥기 강해: 욥과 하나님』, 서문강 역(서울: 지평서원, 1988), p.7. 이와 함께 그는 칼빈 연구에서 나타난 문제점을 이렇게 지적한다(p.9). "칼빈을 연구하는 사람들이 칼빈의 생애와 종교개혁자로서의 사역과 조직신학적이고 변증신학적인 저작과 주석과 소논문과 서간문, 사회적이고 정치적이고 경제적인 사상, 더 나아가 보편적인 그의 신앙에 대해 광범하게 다루어 연구하였다. 그런데도 너무나 놀라운 사실은 칼빈의 생각을 가장 광범하고 단순하게 표현한 설교적인 강론에는 거의 주의를 기울이지 않았다는 것이다."

159 Brownell, 『존 칼빈과 떠나는 여행』, p.81.

160 Scott M. Manetsch, *Calvin's Company of Pastors: Pastoral Care and the Emerging Reformed Church, 1536-1609*, 『칼빈의 제네바 목사회의 활동과 역사』, 신호섭 역(서울: 부흥과 개혁사, 2019), p.30.

161 Bruce Gordon, *Calvin*, 『칼뱅』, 이재근 역(서울: IVP, 2018), pp.209, 226-227, 244, 270, 518을 보라.

162 T. H. L. Parker, *John Calvin*, 『존 칼빈』, 김지찬 역(서울: 생명의말씀사,

2009), p.221. 그가 칼빈의 설교를 다룬 것은 다음 책을 참고하라. T. H. L. Parker, *The Oracles of God: An Introduction to the Preaching of John Calvin*, 『하나님의 대언자: T. H. L. 파커가 전하는 칼빈의 설교론』, 황영철 역(서울: 익투스, 2006).

163　Dawn DeVries, "Calvin's Preaching," in *The Cambridge Companion to John Calvin*, ed. Donald K. McKim, 『칼빈 이해의 길잡이』, 한동수 역(서울: 부흥과 개혁사, 2012), p.207.

164　존 칼빈, 『존 칼빈 구약성경주석』 7권, 존 칼빈 성경주석출판위원회 역(서울: 성서교재간행사, 1987), p.160. 이에 대해 파커는 이런 설명을 제시한다. "아마도 변한 것은 제라르가 아니라 환경이었던 것 같다. … 그러나 1525년에 이르자 독일 일부가 로마에 성공적으로 대항하고 있었고, 스위스와 프랑스에서는 종교개혁과 개혁주의가 활발하게 일어나고 있었다. 선견지명이 있는 아버지라면 아들을 위해 교회가 별로 수지맞는 곳이 아님을 쉽게 짐작할 수 있었을 것이다. 종교개혁이 성공을 거둔다면 그렇게 바라던 좋은 자리는 어떻게 될 것인가?" Parker, 『존 칼빈』, p.50.

165　Gordon, 『칼뱅』, p.66. 또 그는 이렇게도 말한다(p.76). "칼뱅 신학에 녹아 있는 법학 훈련의 유산은 어마어마하다. 신자가 하나님의 뜻을 알게 되는 도구로서 율법에 대한 긍정적 평가, 교회의 질서와 치리에 대한 강한 믿음, 하나님의 위엄에 대한 강조는 모두 그가 받은 법학교육에서 비롯된 것이다."

166　이에 대해 스페이커르는 이렇게 말한다. "이 작품은 박식한 칼빈이 파리, 오를레앙과 부르주의 수많은 인문주의 대표자들 진영에서 활동했다는 증거를 보여준다." Willem van't Spijker, *Johannes Calvijn Zijn Leven en Zijn werk*, 『칼빈의 생애와 신학』, 박태현 역(서울: 부흥과 개혁사, 2009), p.43.

167　Spijker, 『칼빈의 생애와 신학』, p.43. 이와 관련해 이레네 딩엘은 "20년대 후반과 30년대 초반의 시기에 성경에 대한 칼빈의 집중적 몰두가 있었다"고 말한다. Irene Dingel, *Reformation: Zentren-Akteure-Ereignisse*, 『종교개혁, 인물과 중심지를 따라 읽다』, 류성민 역(서울: 영음사, 2022), p.350.

168 방델은 이렇게 추정하는 근거를 제시한다. 칼빈은 1533년 8월 23일 누아용 참사회 총회에 참석한 반면, 1534년 5월에는 교회의 성직록을 포기하기 위해 다시 누아용에 간다. 성직록의 포기가 로마 교회와의 단절을 의미한다고 볼 때, 칼빈의 회심은 이 두 시점 사이에 일어난 것으로 보인다. François Wendel, *Calvin: The Origins and Development of his Religious Thought*, 『칼빈: 그의 신학사상의 근원과 발전』, 김재성 역(고양: 크리스챤다이제스트, 1999), pp.45-46.

169 Jean Calvin, *Responsio ad Sadoleti epistolam · Petit Traité de la Sainte Cène*, 『사돌레토에의 답신·성만찬 소고』, 박건택 편역(서울: 바실래, 1989), pp.73, 75.

170 칼빈, 『존 칼빈 구약성경주석』 7권, pp.160-161.

171 Gordon, 『칼뱅』, p.120.

172 Parker, 『존 칼빈』, pp.117-118.

173 칼빈, 『존 칼빈 구약성경주석』 7권, pp.162-163.

174 이와 관련해 알렉산더 게녹시는 이렇게 말한다. "칼빈은 비록 자신이 종교개혁 활동의 주 내용이던 말씀과 성례를 통해 목회적 직무를 감당하도록 부르심받았다는 것을 알고 있었음에도, 스스로 안수받은 목사가 되기를 원치 않았다. 이러한 해석은 칼빈의 모든 저술을 분별하는 신학적 관점과도 일맥상통한다. 즉, 사람이나 사물의 존재론적 지위에 대한 명확한 정의는 중요하지 않고, 오히려 성령 하나님의 역사에 복종하는 그들의 직무가 핵심이라는 것이다. 성례 문제와 관련해 사제의 신품이나 '화체설' 등에 대한 이 개혁가 칼빈의 입장은 이러한 관점의 좋은 예가 될 수 있다." Alexander Ganoczy, "Calvin's Life," in *The Cambridge Companion to John Calvin*, ed., Donald K. McKim, 『칼빈 이해의 길잡이』, 한동수 역(서울: 부흥과 개혁사, 2012), pp.31-32.

175 그 주요 내용은 "매월 집례되는 성만찬 시행과 교회의 권징 시행, 출교, 시편 회중찬양, 어린이를 위한 교리문답 교육, 결혼에 관계된 사건을 다루는 혼인법정의 창설 등"이다. Manetsch, 『칼빈의 제네바 목사회의 활동과 역사』, p.47.

176 Gordon, 『칼뱅』, p.238.

177 Manetsch, 『칼빈의 제네바 목사회의 활동과 역사』, p.69.

178 Manetsch, 『칼빈의 제네바 목사회의 활동과 역사』, p.73.

179 Gordon, 『칼뱅』, p.248.

180 여기에는 피에르 아모 사건과 결혼식 춤 사건(1546년), 자끄 그뤼에 사건과 아미 페랭과 로랑 미그레의 반역 사건(1547년), 필리베르 베르텔리에 사건 (1553년) 등이 있다.

181 Gordon, 『칼뱅』, p.401.

182 Gordon, 『칼뱅』, p.418.

183 Gordon, 『칼뱅』, p.495. 그러면서 고든은 칼빈이 이 고통을 자신을 교만하지 않게 하시려는 하나님 섭리의 일부로 이해했을 것임을 덧붙인다(pp.496-497).

184 Gordon, 『칼뱅』, p.258.

185 "칼빈은 생피에르교회에서 주일 오전에 설교하고 주중 예배는 마들렌교회에서 설교했다. 그리고 주일 오후에는 종종 생제르베교회에서도 설교했다." Manetsch, 『칼빈의 제네바 목사회의 활동과 역사』, p.282.

186 Manetsch, 『칼빈의 제네바 목사회의 활동과 역사』, pp.277, 279.

187 Manetsch, 『칼빈의 제네바 목사회의 활동과 역사』, p.285.

188 Gordon, 『칼뱅』, pp.516-517. 칼빈의 설교에 대한 자료는 1549년 이후로 기록되어 남아 있다. 프랑스 난민이 조성한 기금으로 속기술을 지닌 드니 라그니에가 칼빈의 설교 필사자로 고용되었기 때문이다. 파커는 1549년부터 1564년까지 칼빈이 주일과 주중에 설교한 목록을 구체적으로 알려준다. Parker, 『존 칼빈』, pp.212-213.

189 Dekker, "Introduction," 11. 이와 관련하여 칼빈은 이런 말을 했다(13). "한 권의 책도 살펴볼 마음을 먹지 않고 강단에 서면서도 '내가 설교하면 하나님께서 할 말을 충분히 주시겠지'라고 주제넘게 생각하면서 읽는 수고를 하나도 하지 않고, 또는 내가 선포할 것을 생각지도 않고 강단에 올라왔고, 또한 성경을 어떻게 적용하여 회중에게 덕을 세울까 주의 깊게 생각지 않고 강단에 올라왔다고 생각해 보자. 그렇다면 나는 건방진 어정뱅이가 틀림없다."

190 Parker,『하나님의 대언자』, p.78.

191 Manetsch,『칼빈의 제네바 목사회의 활동과 역사』, p.308.

192 Dekker, "Introduction," 19.

193 Gordon,『칼뱅』, p.521.

194 Parker,『하나님의 대언자』, p.100.

195 Gordon,『칼뱅』, p.274.

196 Parker,『하나님의 대언자』, pp.101-102.

197 Manetsch,『칼빈의 제네바 목사회의 활동과 역사』, p.308.

198 Parker,『하나님의 대언자』, p.103.

199 Gordon,『칼뱅』, p.519.

200 Manetsch,『칼빈의 제네바 목사회의 활동과 역사』, pp.305-306.

201 Benjamin B. Warfield, Calvin,『칼뱅』, 이경직·김상엽 역(서울: 새물결플러스, 2015), pp.382, 384.

202 Dekker, "Introduction," 12.

203 Warfield,『칼뱅』, p.123.

204 Ioannes Calvinus, *Institutio christianae religionis*,『기독교 강요』1권, 문병호

역(서울: 생명의말씀사, 2020), pp.243-244.

205  Dekker, "Introduction," 13.

206  John Calvin, *The Necessity of Reforming the Church*,『종교개혁의 필요성에 관하여』, 김동현 역(서울: 솔로몬, 1994), pp.17-18.

207  이것은 성례를 가시적인 말씀이라고 부른 어거스틴의 이 말에서 온 것이다. "그러나 보는 것만으로는 안 됩니다. 이것을 잘 이해하기 위해서는 설명도 해주어야 합니다. 참된 성별은 믿음의 말씀을 선포하고 받아들임으로써 이루어집니다." Wulfert de Greef, *The Writings of John Calvin: An Introductory Guide*,『칼빈의 생애와 저서들』, 황대우·김미정 역(서울: SFC출판부, 2006), p.198.

208  Manetsch,『칼빈의 제네바 목사회의 활동과 역사』, pp.287-289.

209  Calvin,『사돌레토에의 답신·성만찬 소고』, p.90.

210  Manetsch,『칼빈의 제네바 목사회의 활동과 역사』, p.519. 칼빈 자신은 이에 대해 이렇게 말한다. "… 우리는 한편으로, 모든 육체적 망상을 쫓아내기 위해서 우리의 마음을 하늘까지 높이 들어올리고 우리 주 예수 그리스도께서 썩어질 물질들 속에 갇힐 만큼 저하되신다고 생각지 말아야 한다. 다른 한편으로 우리는 이 거룩한 신비의 효력을 감소시키지 않기 위해서, 성찬은 하나님의 은밀하고 기이한 능력에 의해 완성된다고 주장해야 하며, 또한 하나님의 영이야말로 성찬 참여의 띠(bond of participation)로서, 이 때문에 성찬은 영적이라고 불린다는 사실을 주장해야 할 것이다." Calvin,『사돌레토에의 답신·성만찬 소고』, pp.128-129.

211  Gordon,『칼뱅』, pp.253-254. 이에 대해 헤르만 셀더르하위스는 이렇게 말한다. "화음보다는 동음으로 악기의 도움 없이 부르는 노래를 장려했던 이유는 쉽게 설명될 수 있다. … 오랫동안 노래하는 습관을 갖지 않았던 사람들은 단순한 음으로 다시 시작하는 것이 낫기 때문이다. 더구나 노래의 본질은 말씀과 곡조이기 때문에 악기는 주의를 산만하게 할 수 있다." Herman J. Selderhuis, *John Calvin: A Pilgrim's Life*,『칼빈』, 조숭희 역(서울: 대성닷컴, 2009),

pp.191-192. 그렇지만 스티븐 니콜스는 이렇게 말한다. "칼빈이 교회를 위해 한 모든 일이 긍정적으로 받아들여진 것은 아니다. 성경에 명시적으로 언급된 것이 아니면 해서는 안 된다고 믿는 바 '규제 원리'를 신봉한 칼빈은 악기 사용을 금지했다. … 칼빈은 교회에서 불러야 할 찬양은 시편뿐이라고 믿고, 시편 찬양만을 인정하는 입장을 취했다. … 존 녹스는 피의 메리 여왕 시대에 제네바로 망명해 있는 동안 이러한 칼빈의 견해를 받아들여, 장로교의 태동기에 시편 찬양에 대한 그와 같은 관점을 장로교 속에 불어넣었다. … 물론 음악에 대한 칼빈의 이와 같은 관점은 훌륭한 신학자 못지않게 훌륭한 음악가이기도 했던 루터의 관점과는 다른 것이었다. 아이작 와츠가 영국 교회에 등장하기 오래전에 루터는 독일 교회를 위한 찬송가를 작곡했다." Stephen Nichols, *The Reformation*, 『세상을 바꾼 종교개혁 이야기』, 이용중 역(서울: 부흥과 개혁사, 2009), pp.127-128. 이와 함께 "칼빈은 시편을 그렇게 좋아했지만, 찬양이 시편에만 국한되면 안 된다고 생각했다"는 지적도 고려할 필요가 있다. Brownell, 『존 칼빈과 떠나는 여행』, p.58.

212 Parker, 『존 칼빈』, pp.203-204.

213 Manetsch, 『칼빈의 제네바 목사회의 활동과 역사』, p.501에서 재인용.

214 Manetsch, 『칼빈의 제네바 목사회의 활동과 역사』, p.512.

215 Manetsch, 『칼빈의 제네바 목사회의 활동과 역사』, p.481에서 재인용.

216 Theodore Beza, *The Life of John Calvin*, 『존 칼빈의 생애와 신앙』, 김동현 역(서울: 목회자료사, 1999), p.65.

217 Manetsch, 『칼빈의 제네바 목사회의 활동과 역사』, pp.348-349.

218 Manetsch, 『칼빈의 제네바 목사회의 활동과 역사』, p.351.

# 참고문헌

## Part 1. 존 맥아더의 설교와 목양

Johnson, Phil. "A Brief Account of John MacArthur's Public Ministry." *MSJ* 22/1 (Spring 2011): 5-9.

MacArthur, John. *Remaining Faithful in Ministry: 9 Essential Convictions for Every Pastor*. 『사역의 길을 지키는 9가지 원리: 목회, 흔들림 없이 신실하게』. 김진선 역. 서울: 디모데, 2020.

_____. "Introduction: Why a Book on Biblical Inerrancy Is Necessary." In *The Inerrant Word*. Ed. John MacArthur. 『성경 무오성에 대한 도전에 답하다』. 조계광 역. 서울: 생명의말씀사, 2017.

_____. *The Gospel According to Jesus*. 『주님 없는 복음』. 황을호 역. 서울: 생명의말씀사, 2017.

_____. *Worship: The Ultimate Priority*. 『예배』. 유정희 역. 서울: 아가페, 2013.

_____. *Truth Endures: Landmark Sermons from Forty Years of Unleashing God's Truth One Verse at a Time*. 『최고의 설교』. 이지혜 역. 서울: 국제제자훈련원, 2012.

_____. *Ashamed of the Gospel*. 『복음을 부끄러워하는 교회』. 황성철 역. 서울: 생명의말씀사, 2010.

_____. "Rediscovering Biblical Counseling." In *Introduction to Biblical Counseling*. Eds. John MacArthur, Jr. and Wayne Mack with The Master's College Faculty. 『상담론』. 안경승 역. 서울: 부흥과개혁사, 2010.

_____. "Certainties That Drives Enduring Ministry." In *Stand*. Ed. Justin Taylor. 『믿음으로 굳게 서라』. 전의우 역. 서울: 생명의말씀사, 2009.

_____. *The Master's Plan for the Church*. 『하나님이 계획하신 교회』. 조계광 역. 서울; 생명의말씀사, 2009.

_____. "Why I Still Preach the Bible after Forty Years of Ministry." In *Preaching the Cross*. Eds. Mark Dever, J. Ligon Ducan III, R. Albert Mohler Jr., and C. J. Mahaney. 『십자가를 설교하라』. 이심주 역. 서울: 부흥과개혁사, 2009.

_____. *Fool's gold?*. Wheaton, IL: Crossway Books, 2005.

_____. "Preaching and Biblical Counseling." In *Onward, Christian Soldiers: Protestants Affirm the Church*. Ed. Don Kistler. 『솔라 에클레시아-프로테스탄트 교회관』. 조계광 역. 서울: 생명의말씀사, 2001.

_____. "What Is a Pastor to Be and Do?" In *Rediscovering Pastoral Ministry*. Eds. John MacArthur Jr. and The Master's Seminary Faculty. 『목회 사역의 재발견』. 서원교 역. 서울: 생명의말씀사, 1997.

_____. *Reckless Faith*. 『무모한 신앙과 영적 분별력』. 안보헌 역. 서울: 생명의말씀사, 1997.

_____. "Faithfully Proclaim the Truth." In *Communicate with Power: Insights from America's Top Communicators*. Ed. Michael Duduit. Grand Rapids: Baker Books, 1996.

_____. "The Mandate of Biblical Inerrancy: Expository Preaching." In *Rediscovering Expository Preaching*. Eds. John MacArthur, Jr. and The Master's Seminary Faculty. 『강해 설교의 재발견』. 김동완 역. 서울: 생명의말씀사, 1993.

_____. *For the Love of the Church*. 『이것이 참된 목회자상이다』. 송용필 역. 서울: 나침반, 1987.

_____. *The Church-The Body of Christ*. 『그리스도의 몸 된 교회』. 이춘이 역. 서울: 생명의말씀사, 1986.

Murray, Iain H. *John MacArthur: Servant of the Word and Flock*. 『존 맥아더의 설교와 목양』. 이서용 역. 서울: 아가페, 2024.

_____. *Seven Leaders: Preachers and Pastors*. Edinburgh: Banner of Truth, 2017.

Yawn, Byron Forrest. *Well-Driven Nails: The Power of Finding Your Own Voice*. 『자기 목소리로 설교하라』. 전의우 역. 서울: 성서유니온선교회, 2012.

## Part 2. 존 찰스 라일의 설교와 목양

Dallimore, Arnold. *Spurgeon: A New Biography*. 『찰스 스펄전』. 전의우 역. 서울: 복있는사람, 2017.

Gatiss, Lee. "Bishop J C Ryle 1816-1900." *Writing* 130 (2017): 5-6.

Munden, Alan. *Travel with Bishop J C Ryle: Prince of Tract Writers*. Leominster: Day One, 2012.

Murray, Iain H. *J. C. Ryle: Prepared to Stand Alone*. 『J. C. 라일』. 정상윤 역. 서울: 복있는사람, 2018.

Packer, J. I. *Faithfulness and Holiness*. Wheaton, IL: Crossway, 2002.

Rogers, Bennett W. *A Tender Lion: The Life, Ministry, and Message of J. C. Ryle*. Grand Rapids, MI: Reformation Heritage Books, 2019.

Russel, Eric. *J. C. Ryle: That Man of Granite with the Heart of a Child*. Fearn, UK: Christian Focus, 2001.

Ryle, J. C. *Ryle's Expository Thoughts on the Gospel of St. Matthew*. 『존 라일 사복음서 강해: 마태복음』. 지상우 역. 서울: 기독교문서선교회, 2008.

_____. *Holiness*. 『거룩』. 장호준 역. 서울: 복있는사람, 2009.

_____. *Old Paths*. 『옛 길』. 박영호 역. 서울: 기독교문서선교회, 2012.

_____. *Practical Religion*. 『믿음으로 살라』. 장호준 역. 서울: 복있는사람, 2013.

_____. *No Uncertain Sound*. 『바른 길』. 박영호 역. 서울: 기독교문서선교회, 2013.

_____. *The Upper Room*. 『선한 길』. 박영호 역. 서울: 기독교문서선교회, 2013.

_____. *Knots Untied*.『오직 한 길』. 박영호 역. 서울: 기독교문서선교회, 2013.

_____. *Knots Untied*. Edinburgh: Banner of Truth, 2016.

_____. *Christian Leaders of the Eighteenth Century*. Edinburgh: Banner of Truth, 2017.

Spurgeon, C. H. *Lectures to My Students*.『목회자 후보생들에게』. 원광연 역. 고양: 크리스챤다이제스트, 2009.

## Part 3. 존 칼빈의 설교와 목양

칼빈, 존.『존 칼빈 구약성경주석 7권』. 존 칼빈 성경주석출판위원회역. 서울: 성서교재간행사, 1987.

Beza, Theodore. *The Life of John Calvin*.『존 칼빈의 생애와 신앙』. 김동현 역. 서울: 목회자료사, 1999.

Brownell, Kenneth. *John Calvin: Geneva's Minister Whose Thinking Changed the World*.『존 칼빈과 떠나는 여행: 신학으로 세상을 변화시킨 제네바의 목회자』. 김희정 역. 서울: 부흥과개혁사, 2011.

Calvin, Jean. *Responsio ad Sadoleti epistolam · Petit Traité de la Sainte Cène*,『사돌레토에의 답신 · 성만찬 소고』. 박건택 편역. 서울: 바실래, 1989.

Calvin, John. *The Necessity of Reforming the Church*.『종교개혁의 필요성에 관하여』. 김동현 역. 서울: 솔로몬, 1994.

Calvinus, Ioannes. *Institutio christianae religionis* (1559).『기독교 강요』전 4권. 문병호 역. 서울: 생명의말씀사, 2020.

Dekker, Harold. "Introduction." In *Sermons from Job*.『칼빈의 욥기 강해: 욥과 하나님』. 서문강 역. 서울: 지평서원, 1988.

DeVries, Dawn. "Calvin's Preaching." In *The Cambridge Companion to John Calvin*. Ed. Donald K. McKim.『칼빈 이해의 길잡이』. 한동수 역. 서울: 부흥과개혁사, 2012.

Dingel, Irene. *Reformation: Zentren-Akteure-Ereignisse*.『종교개혁, 인물과 중심지를 따라 읽다』. 류성민 역. 서울: 영음사, 2022.

Ganoczy, Alexander. "Calvin's Life." in *The Cambridge Companion to John Calvin*. Ed. Donald K. McKim.『칼빈 이해의 길잡이』. 한동수 역. 서울: 부흥과개혁사, 2012.

Gordon, Bruce. *Calvin*.『칼뱅』. 이재근 역. 서울: IVP, 2018.

Greef, Wulfert de. *The Writings of John Calvin: An Introductory Guide*.『칼빈의 생애와 저서들』. 황대우·김미정 역. 서울: SFC 출판부, 2006.

Manetsch, Scott M. *Calvin's Company of Pastors: Pastoral Care and the Emerging Reformed Church, 1536-1609*.『칼빈의 제네바 목사회의 활동과 역사』. 신호섭 역. 서울: 부흥과개혁사, 2019.

Nichols, Stephen. *The Reformation*.『세상을 바꾼 종교개혁 이야기』. 이용중 역. 서울: 부흥과개혁사, 2009.

Parker, T. H. L. *The Oracles of God: An Introduction to the Preaching of John Calvin*.『하나님의 대언자: T. H. L. 파커가 전하는 칼빈의 설교이론』. 황영철 역. 서울: 익투스, 2006.

_____. *John Calvin*.『존 칼빈』. 김지찬 역. 서울: 생명의말씀사, 2009.

Selderhuis, Herman J. *John Calvin: A Pilgrim's Life*.『칼빈』. 조숭희 역. 서울: 대성닷컴, 2009.

Spijker, Willem van's. *Johannes Calvijn Zijn Leven en Zijn werk*.『칼빈의 생애와 신학』. 박태현 역. 서울: 부흥과개혁사, 2009.

Warfield, Benjamin B. *Calvin*.『칼뱅』. 이경직·김상엽 역. 서울: 새물결플러스, 2015.

Wendel, François. *Calvin: The Origins and Development of his Religious Thought*.『칼빈: 그의 신학사상의 근원과 발전』. 김재성 역. 고양: 크리스챤다이제스트, 1999.

## 칼빈주의 설교와 목양 2

초판 1쇄 발행 2025년 8월 20일

지은이  도지원

펴낸이  곽성종
펴낸곳  (주)아가페출판사
등록  제21-754호(1995. 4. 12)
주소  (08806) 서울시 관악구 남부순환로 2082-33
전화  584-4835(본사) 522-5148(편집부)
팩스  586-3078(본사) 586-3088(편집부)
홈페이지  www.agape25.com
판권  ⓒ 도지원 2025
ISBN  978-89-537-9693-5 (03230)
분당직영서점  전화 031-714-7273 | 팩스 031-714-7177
인터넷서점  http://www.agapemall.co.kr
            인터넷에서 '아가페몰'을 검색하세요.

저작권법에 의하여 한국 내에서 보호받는 저작물이므로
무단전재와 복제를 금합니다.

아가페 출판사